Lajna Imaillah Pledge

I bear witness that there is no God but Allah, the One without any partner, and I bear witness that Muhammad is his servant and his messenger.

I Solemnly affirm that I will always be ready to sacrifice my life, property, time and children for the cause of faith and community. I shall adhere to truth and I shall be prepared to make every sacrifice for the perpetuation of the Ahmadiyya Khilafat.

أَشْهَدُ أَنْ لَا اِلٰهَ اِلَّا اللّٰهُ وَحْدَهُ
لَاشَرِيْكَ لَـهُ وَ أَشْهَدُ أَنَّ
مُحَمَّدًا عَبْدُهُ وَرَسُوْلُـهُ

Contents

Under the supervision of President
Lajna Imaillah U.K
Mrs. Shamaila Nagi

secretary Isha'at
Dr. Fariha Khan

Editor
Miss Homa Rehman

Assistant
Mrs. Amatul Hadi

Editorial Board
Abdul Ghani Jahangeer Khan, Mrs.
Ayesha Fakhar,
Mrs. Saliha Safi

Print at
Raqeem Printing Press

Correspondance Address:
Isha'at Department
75 Gressenhall Road
London
SW18 5QH

Editorial	3
Poem (To the Nation's Youth)	
(Translation of an Urdu Poem by Hadhrat Khalifa-tul-Masih II ra)	4
The Significance of Mosques Amatul Hadi Ahmad	5
Jalsa Salana 1907	
(Turning point in the life of a Sahabi) Mrs. Naeema Shah	7
Paradise on Earth	9
Surah Fatiha	12
Introduction of the Books of the Promised Messiah	13
The Prophecy of the Gold Armlets	
(Extracted from the book "Hadhrat Umar Farooq(ra) R A Chaudhry	16
Prayers and Supplications for Khilafat Jubilee 2008	17
The Best Path to God	19
Reflexology	
(An Ancient Paractice in the Modern Day) Qudoos A. Bhatti	20
Careers Page	
(Why I Chose Pharmacy as my Proffesion) Mrs. Sahdia Malik	21
The Isle of Wight	22
Children's Corner	23
Women's Corner	24

Quranic Verse

يٰۤاَيُّهَا الَّذِيۡنَ اٰمَنُوۡا هَلۡ اَدُلُّكُمۡ عَلٰى
تِجَارَةٍ تُنۡجِيۡكُمۡ مِّنۡ عَذَابٍ اَلِيۡمٍ ﴿۱۱﴾
تُؤۡمِنُوۡنَ بِاللّٰهِ وَرَسُوۡلِهٖ وَتُجَاهِدُوۡنَ فِىۡ
سَبِيۡلِ اللّٰهِ بِاَمۡوَالِكُمۡ وَاَنۡفُسِكُمۡ ؕ
ذٰلِكُمۡ خَيۡرٌ لَّكُمۡ اِنۡ كُنۡتُمۡ تَعۡلَمُوۡنَ ﴿۱۲﴾
يَغۡفِرۡ لَكُمۡ ذُنُوۡبَكُمۡ وَيُدۡخِلۡكُمۡ جَنّٰتٍ
تَجۡرِىۡ مِنۡ تَحۡتِهَا الۡاَنۡهٰرُ وَمَسٰكِنَ
طَيِّبَةً فِىۡ جَنّٰتِ عَدۡنٍ ؕ ذٰلِكَ الۡفَوۡزُ
الۡعَظِيۡمُ ﴿۱۳﴾
وَاُخۡرٰى تُحِبُّوۡنَهَا ؕ نَصۡرٌ مِّنَ اللّٰهِ وَفَتۡحٌ
قَرِيۡبٌ ؕ وَبَشِّرِ الۡمُؤۡمِنِيۡنَ ﴿۱۴﴾

[Translation presented below is taken from the English translation of the Holy Quran by the late Hadhrat Maulvi Sher Ali Sahib(ra)].

11. O ye who believe! shall I point out to you a bargain that will save you from a painful punishment?

12. That you believe in Allah and His Messenger, and strive in the cause of Allah with your wealth and your persons. That is better for you, if you did but know.

13. He will forgive you your sins, and make you enter the Gardens through which streams flow, and pure and pleasant dwellings in Gardens of Eternity. That is the supreme triumph.

14. And He will bestow another favour which you love; help from Allah and a near victory. So give glad tidings to the believers. **Ch 61 Al-Saff V11-14**

Hadith

(English translation of the above Hadith has been based on the Urdu translation of Maulana Malik Saif-ur-Rahman Sahib - Ref: No. 403 - Hadiqat-us-Saliheen).

Hadhrat Abu Huraira(ra) relates: A man came to the Holy Prophet (saw) and said O Messenger of Allah, which is the best charity in reward? The Holy Prophet (saw) replied that the best charity is that which you give when your situation is such that you are healthy and are in need of and desire wealth yourself, and you fear poverty and desire well being. Do not delay giving charity and alms until a time approaches that you are breathing your last and then you say give, so much to so and so and so much to some one else when your wealth is effectively no longer yours - it has already become the property of others.

Malfoozat

[Presented below is a translated excerpt from the speech of the Promised Messiah(as) which was delivered at the Jalsa Salana in Qadian on 30lh December 1897].

Repentance is in reality a very effective means of aiding and stimulating the development of good morals and leads one to achieve moral- perfection. In other words, for the person who "wishes to bring about a change in his character in order to reform himself, it is essential that he should repent sincerely with a firm resolve.

It should be remembered that there are three conditions for repentance without the fulfillment of which true repentance cannot be achieved. The first of these three conditions is to rid oneself of ill thoughts that lead to bad inclinations and evil propensities. In reality, thoughts exercise great influence - every action has a notional existence in the form of 'thought' that precedes the action. Hence, the first condition for repentance is that evil thoughts and notions should be discarded. For instance, if a man has an illicit relationship with a woman and desires to repent, (In order to prepare himself mentally for this course of action), it is necessary that he should think of her as unattractive and remind himself of her negative qualities. This is so because, as I have just stated, thoughts and fancies exercise a powerful influence. I have read that some Sufis carried their powers of thought to such extremes that they actually 'saw' some people in the form of an ape or a pig. In other words, thought influences that which is perceived. The first condition of repentance, therefore, is that all ideas and thoughts that are considered to give rise to evil pleasures should be discarded altogether.

The second condition of true repentance is remorse - that there should be some expression of regret and embarrassment. Everyone's conscience admonishes him over every evil but the conscience of an unfortunate person is left suspended by him. A person should express remorse over his sin and evil action and should reflect upon the fact that the pleasure to be derived (from bad deeds) is temporary. He should also consider that each repetition of an evil deed causes a lessening of pleasure derived from it and that in the end, in old age, when his faculties are weakened, he will necessarily have to give up all such pleasures. Why then indulge in that which in the end has to be given up, even in this life? Most fortunate is the person who turns in repentance and becomes determined to discard all corrupt thoughts and evil fancies and having succeeded in ridding himself of these impurities he should feel remorse and regret for his past ill deeds.

The third condition of true repentance is a firm resolve that he will not revert to those previous vices. If he adheres to this resolve, God will bestow upon him the strength of true repentance and he will be rid altogether of his vices find he will be enabled to replace these with good morals and praiseworthy deeds and this is a victory over one's morals.

[Malfoozat Vol. 1 PP 138-139]

Editorial

As Ahmadi Muslims we are charged with the duty of being good, doing good and spreading good. However, it is not always easy to evaluate our actions. Hadhrat Khalifatul Masih(ru) III once stated that every act that appears to be good is not necessarily an act of righteousness. An act of righteousness, he explained, is that act which conforms to Iman or faith and Allah the Almighty has made obedience to the Khalifa of the time a part of Iman. It is, imperative, therefore, that all of us individually and together, through the Zaili Tanzeems, do our utmost to act according to the wishes of our beloved Khalifa, Hadhrat Amir-ul-Mo'mineen, Khalifat-ul-Masih V(aba)

The Khalifa of the time gives guidance according to the circumstances facing the members of the Jama'at and as such he may make changes and adjustments to existing rules and practices. As pointed out by Hadhrat Khalifatul Masih(ra) III, this is necessary because it is the appropriate acts performed according to circumstances that constitute righteous deeds, as is clear from the guidance of the Holy Qura'n.

Alhamdolillah Lajna Ima'illah UK now has a magazine through which it can communicate, reiterate and explain to its members the guidance of Hadhrat Amir-ul-Mo'mineen(aba).

In this issue of Al-Nusrat magazine, as has been the case previously, an attempt has been made to convey the guidance of our beloved Khalifa, Hadhrat Khalifatul Masih V (aba) and in this regard an extensive summary of an address delivered by Huzur (aba) on 11 September 2004 on the occasion of Jalsa Salana, Belgium, relating to the subject of tarbiyyat has been included together with some other recent injunctions and guidelines given by Huzur (aba).

Al-Nusrat is a magazine for women and as such its aim is to inform, educate and, not least, entertain women in order for them to inculcate within themselves higher capacities and greater capabilities. With this in mind, we have included items such as poetry, places to visit, health, careers, home and beauty and children's pages.

We trust and pray that Allah the Almighty may guide us and grant us support and assistance for Al-Nusrat magazine to develop and progress as an effective quality publication of Lajna Imaillah UK that is both enjoyable and informative for its readers and a means of enhancing the literary skills of its contributors. Ameen.

To the Nation's Youth

Translation of an Urdu Poem by Hadhrat Khalifat-ul-Masih II (ra)

Translated into English verse by the Late Hadhrat Mufti Muhammad Sadiq Sahib (ra) and Madam Rahatullah, an American Ahmadi lady.

O' ye tender plants of the Nation,
To you I have something to say;
Providing my message
May not flash away.

Advise I would give
To the Nation's youth;
That they may not say,
I withheld the Truth.

When we pass away, the burdens
Of life, you will have to bear,
So be not seekers of idle rest,
But do and dare.

Serve the Faith with the heart
Filled with God's sweet Grace,
And let not a thought of
compensation Cloud your face.

Let your eyes fill with tears,
And your heart burn with love;
Let your spirit ascend beyond mere name,
to the realms above.

No bragging in the head,
No thunder of wrath in the eye,
No desire for revenge, no curse on the lips
Which would cause thy brother to sigh.

The well-wishing of brethren
Always keep in sight,
Neither criticise, nor mischief Make,
But cling to the right.

Be free from jealousy,
And contentment create,
Make no gold your beloved,
Nor silver your charmed mate.

With full attention continue
Offering prayers and keeping fast;
Obeying God's Commandments
Which were written in the past.

If you have wealth, be charitable
In giving alms to those who need;
Fear not the days of trouble
If the needy you would feed.

Let 'zikr' be your habit -
Remembering God in prayer;
When the Beloved is kept in mind,
It is impossible His name not to declare.

Let not reason be the ruler
O'er Faith, which is salvation;
Blind is the reason if it be not
Guided by the Sun of Revelation.

Cling fondly to all the Truth
Whenever and wherever you find;
follow not the imagination,
calling it knowledge of the mind.

The believers who love
Muhammad (saw)
Be not an enemy to them;
But keep yourself aloof from those
Who would the Prophet (saw) condemn.

THE SIGNIFICANCE OF MOSQUES

Amatul-Hadi Ahmad

Mosques are a place of worship where a person can seek God's grace and blessing. A mosque facilitates and promotes worship of God and thereby fosters the development of a personal relationship between man and his Creator. This, in turn, promotes unity and brotherhood among people leading to more harmonious and peaceful communities. That is the reason why in Islam there is such emphasis on the importance of building mosques in great numbers.

In these latter days, as the followers of the Holy Prophet Muhammad(saw) and the Promised Messiah(as), the building and maintenance of mosques becomes the prime responsibility of the Ahmadiyya Jama'at as Allah states in the Holy Quran: *"He alone can maintain the Mosques of*

اِنَّمَا يَعْمُرُ مَسٰجِدَ اللّٰهِ مَنْ اٰمَنَ بِاللّٰهِ
وَالْيَوْمِ الْاٰخِرِ وَاَقَامَ الصَّلٰوةَ وَاٰتَى
الزَّكٰوةَ وَلَمْ يَخْشَ اِلَّا اللّٰهَ فَعَسٰٓى
اُولٰٓئِكَ اَنْ يَّكُوْنُوْا مِنَ الْمُهْتَدِيْنَ ۝١٨

Allah who believes in Allah, and the last day, and observes prayer and pays the Zakat and fears none but Allah; so these it is who may be rightly guided."(9:18)

Ahmadiyyat is the Renaissance of Islam which makes it imperative that we, the members of the Ahmadiyya Jama'at, carry on this process of building mosques world wide with ever greater zeal, devotion and sacrifice for our own benefit and for the benefit of mankind. The Holy Prophet of Islam (peace be upon him) states:

"The whole earth has been made a mosque for me" (Bukhari).

The Promised Messiah(as) has also laid great emphasis on this point as, for example, he states: *"The foundation stone of the Renaissance of Islam and a superior world order have been laid. Now mosques will be built and people will enter therein, and join the divine movement in droves".*

(Noor UlHaq Vol 2, p. 42).

The Promised Messiah(as) further states: *"If you want Islam to progress build a mosque. Wherever our Jama'at is established, a mosque should be built. Our Jamaats progress is founded on the construction of mosques. If there are only a few Muslims in a village or a city, build a mosque with good intentions and God will bring more Muslims to that place. It is not mandatory that the mosque be embellished or be a brick building. Wall off a piece of land and build a room with a thatched roof..."* (Malfoozat Vol 2, p. 42)

The same fervour and desire for the Jama'at to build mosques has been expressed by Hadhrat Mirza Bashiruddin Mamoud Ahmad, Khalifatul-Masih II(ra) and this is evident from the following quotation: *"May mosques be constructed from one end of the world to the other and may the Azan be heard from every mosque. Wherever the sun may rise, it may see that the holy name of God is being raised there. My desire is that there should be a mosque at every place in the world".*

This desire to see mosques built in the Ahmadiyya communities all around the world has been repeatedly expressed by all the Khulafa. Hadhrat Mirza Nasir Ahmad. Khalifatul-Masih III (ra) enjoined the Jama'at to build mosques in great numbers and especially desired that an Ahmadiyya mosque should be built in Spain. Hadhrat Mirza Tahir Ahmad, Khalifatul-Masih IV(aba) also expressed a very keen desire to see many mosques being built around the world and guided the Jama'at to build numerous mosques around the world while a special challenge was given to the German Jama'at to build a hundred mosques in Germany.

In his Friday Sermon of 10th June 2005, delivered from Vancouver, Hadhrat Khalifatul Masih V aba; reminded the Jama'at that it was our good fortune that we believe in the Promised Messiah(as) who was to revive faith on earth but if we did not meet the required standards, our belief would be of no avail.

Huzur(aba) further emphasised the point that the mosques our Community builds are not raised on momentary or fleeting enthusiasm and are not intended as an ostentation. Rather, their beauty lies in the worshippers who flock to them and the foundations of these mosques are built on the prayers that Hadhrat Ibrahim(as) and Hadhrat Ismail(as) offered. Huzur enjoined all to engage in these prayers to cleanse and purify the hearts of all negligence.

Stressing the importance of visiting the mosque, Huzur(aba) related a Hadith where the Holy Prophet(saw) stated that the one who goes to a mosque with the intention of hearing good is like the one going to Jihad. Huzur(aba) added that our mosques surely propagate what is good and worthy and are a symbol of peace.

By the Grace of Allah the Almighty, mosques have been built in large numbers by the Ahmadiyya Community since its inception in 1889, a large number of mosques are in the process of being built and shall, Inshallah, continue to be built in very large numbers. How can it not be so when the reward, according to the Holy Prophet of Islam(saw) for building a mosque is so great and wonderful! The Holy Prophet(as) states:

"O' ye people, praise Allah. Whosoever builds a mosque for Allah, Allah, the Exalted, shall build a house for such a one in Paradise".

May the special blessings of Allah ever shower upon the Holy Prophet of Islam an may we be among those who were steadfast in following his example. May Allah enable us to contribute to the many developments of mosques around the world, financially, spiritually and through our prayers thereby enabling us to acquire his blessings in Paradise. **Ameen**

JALSA SALANA 1907
TURNING POINT IN THE LIFE OF A SAHABI

By Mrs Naeema Shah

[Memories of the daughter of the late Dr Hashmatullah Sahib(ra]

I am not writing this article for my own nostalgia. What I want to relate is a very inspiring incident related to the last Jalsa Salana in the life of the Promised Messiah.,ie the Jalsa Salana of 1907. This Jalsa happened to become a turning point in the life of my father Hazrat Dr. Hashmtullah Khan Sahib (ra). My father was born, at Patiala which was then a State but now it is a city in east Punjab in India. He along with his father and grandfather accepted Ahmadiyyat in 1899 when he was only twelve years of age.

He visited Qadian for the first time in 1905. I remember him describing the personality of the Promised Messiah (as) as being very attractive; his face radiant with heavenly Light. My father found himself magnetically drawn towards him so much so that he did not want to leave Qadian, but he was forced to go back to Patiala with a heavy heart because he had yet to complete his High School Studies. In 1907 he matriculated but unfortunately the very same year both his parents passed away. It was a very distressing year for him as he was left helpless and alone with no source of income and no job to support himself.

As the time of Jalsa Salana approached near, his yearning turned into a burning desire. He prayed very hard and Allah the All Knowing listened to his prayers and Mercifully made provisions for him to attend the Jalsa Salana of 1907. I recall my father saying some 700 Ahmadis from different parts of the country attended this sacred gathering. At that time 700 appeared to be a huge number in that small, unknown dusty town of Qadian. It seemed as if crowds and crowds of people had arrived to sacrifice everything for their leader and his sacred mission. The Promised Messiah (as) also appeared to be very happy, his face as usual glowing and shining with heavenly lustre.

This Jalsa became a very special Jalsa for my father as it proved to become a turning point of his life. He was the General Secretary of Patiala Jamaat at that time. A meeting for all the Presidents and General Secretaries was called and it was to be held in the Mubarak Mosque after Maghrib and Isha prayers. In those days only two meals were served at the Langar Khana (now called Dar-ul-Ziafat), one in the morning before the start of Jalsa and one in the evening after the Jalsa finished.

On 28th December, my father had his meal in the morning, attended the Jalsa all day and then in the evening went to the mosque for Maghrib and Isha prayers without eating his dinner. After the prayers he remained sitting in the mosque for the meeting that was announced earlier in the day but all other members left the mosque probably for their dinner. My father, despite being very hungry, did not leave the mosque lest he miss any part of the meeting, thinking the meeting would start very shortly. But the meeting started very late and finished when it was almost midnight by which time my father being a young man at that time was extremely hungry. Feeling very weak and tired he hurriedly walked towards the Langar Khana only to find the kitchen closed. It was out of question that he could find anything to eat at that hour in that small town to satisfy his famished stomach. Helpless and hungry he returned to his room where he was staying in the Langar Khana.

He began to prepare to lay on his bed although he knew he would not be able to sleep because of his empty stomach when he heard a loud bang on the door. Somebody outside said, "If any guest hasn't eaten his dinner please go to the dining area. It has been opened again." My father's joy knew no bounds! Who could have imagined that the kitchen would be opened again at midnight to serve food to those who had not had their meal earlier and were extremely hungry at that time. My father commenced towards the dining area and while eating his dinner he thanked Allah, the All Beneficent and Merciful with every morsel he put in his mouth. Allah, the Provider had fed one very extremely hungry guest of the Promised Messiah(as) in the middle of the night. Who else could have had the power to make this arrangement when every thing else was closed in the whole of Qadian.

My father remembered two other persons who ate that night but he could not recognise them because of the very dim light in the dining area. Next morning when he went out of the Langar Khana he saw the Promised Massiah(as) standing at the stairs of Mubarak Mosque facing the street. Some guests were also standing there. My father joined the group. The Promised Massiah(as) then asked someone to call Hakeem Sahib(Hazrat Maulvi Noor-ud-Din Sahib). When he came Huzur(as) addressed him saying, " Maulvi Sahib, it seems arrangements for food were not good at the Langar Khana yesterday. Somebody's hunger shook the gates of heaven last night and I received a very powerful revelation at midnight:

"O Prophet, feed the hungry and the distressed."

I immediately asked for the Langar Khana to be opened for the hungry guests and provide them with food." On hearing this my father was overjoyed that Allah the Almighty who is the Provider for all His creation had fed him that night in such a special way. He was not only very hungry but also very distressed because of his poor circumstances.

My father always remembered with much gratitude that this great blessing was not the only one in his life. It was to become a continuous chain of blessings that followed all his life providing him with not only just earthly food and nourishment but spiritual food and nourishment as well.

Paradise On Earth

Hadhrat Khalifatul Masih V (aba) graced the Jalsa Salana of Belgium in September 2004 and addressed the ladies on 11 September 2004. Presented below is an abridged version of that speech in translation. (The English translation has been based on the Urdu text of the speech contained in Al-Fazl newspaper dated 11 June 2005).
Translation by Amatul-Hadi Ahmad
After Tashahud and Surah fatiha Huzur stated:

Allah the Almighty has granted women status in society and if a woman is righteous, fulfilling the commands of Allah, being steadfast in the worship of Allah, attending to the good upbringing of her children, such women, according to the Holy Prophet(saw), are those under whose feet lies paradise.

Paradise is not attained easily. There are a great many conditions that require to be fulfilled. Great deeds have to be performed and exceptional effort needs to be exerted. However, the status that has been conferred upon a woman, entitles her not only to enter paradise herself, provided she performs righteous deeds, but she has also been vouchsafed the promise that her children, too, can enter paradise provided the mother undertakes their upbringing according to certain prescribed rules. This is so because entry to paradise is only for those who are to attain closeness to Allah. Who are these people who would attain closeness to Allah? The answer to this (as stated in the Holy Qura'n) is that these will be the men and women who believe and perform righteous deeds. It will be the men and women who fear Allah and exercise patience. These will be the people who vie with each other to exceed in performing acts of righteousness.

You, too, can attain the distinction of these qualities when you perform to the full all the commandments I have just explained and perform them with all the conditions and requirements that have been stipulated by Allah the Almighty. Allah has stated that these people are the ones who will have the good fortune of being able to 'see' Him. Hence, how very fortunate are those among you who are treading upon the path shown by Allah the Almighty and thereby preparing the path to paradise not only for themselves but, because of the good upbringing of their children, they are, as stated by the Holy Prophet(saw), sending their children also to paradise. Moreover, for those who undertake the good upbringing of their children and who perform good deeds there will be a paradise in this world too.

As a result of their own worship of Allah and by developing an inclination to worship in their children, such women would have a share in the blessings promised by Allah the Almighty in the following verse:

اَلَّذِیْنَ اٰمَنُوْا وَتَطْمَئِنُّ قُلُوْبُهُمْ بِذِكْرِ اللّٰهِ ۗ اَلَا بِذِكْرِ اللّٰهِ تَطْمَئِنُّ الْقُلُوْبُ ۞

That is Those who remember Allah much

and through this they find comfort in their hearts." Who are these people? As I mentioned above, they are those who remember Allah and worship Him.

Allah the Almighty has also stated that your success is in the remembrance of Allah and in the worship of Allah. As Allah states:

$$وَاذْكُرُوا اللّٰهَ كَثِيرًا لَّعَلَّكُمْ تُفْلِحُونَ$$

And remember Allah much in order that you are successful. Success, therefore, is achieved only when a person has attained the pleasure of Allah. When a mother sees her children act in accordance with the commandments of Allah the Almighty and when she sees them progressing in good deeds, she will see the blessings of Allah in this world too. Hence, every Ahmadi woman should make an effort to attain the paradise of this world and when she is presented before Allah the Almighty, she would be entitled to the true paradise. It should not be the case that an Ahmadi woman leaves this world knowing that a son or a daughter of hers is not following their religion and that her progeny was immersed in worldliness and attained neither the world nor religion. Those who incline completely towards the world sometimes come to a very bad end and their fate in the next world is also affected.......

The Holy Prophet(saw) stated in a Hadith that, *"A person is influenced by his friend and you must all take care as to the friends you make"*.

Women, and men, should choose friends who are of good character and whose homes are not afflicted by persistent quarrels. This is important because a woman who befriends another in whose house there is much arguing and squabbling then the visiting friend is also affected by this even though she may not be aware of its affect on her. The same is true in the case of men.

Some women complain that their husbands no longer pay much attention to their homes and when we analyse the situation we will find that often the reason is that such men have adopted the company of new friends and, without being aware, become influenced by them. The same can happen with women. That is why we have been advised to choose friends with care. This advise is not only for adults, it applies equally to children and, therefore, parents are advised to keep a watchful eye on the type of friends their children keep. This is specially important in the environment of western countries. Lack of due care and attention in these matters leads to results of which we have examples where a girl or a boy leaves home and become cut off from the Jama'at or gets married of their own choice. Crying over these matters after the event is to no avail. This aspect requires much attention as does the issue of what type of films are being seen on television and the internet.

Young children who are of an age where they can understand matters should choose their friends with great care as this has a very deep affect.

When our sons and daughters reach the age of understanding, by the Grace of Allah, they have relatively better understanding of these matters than others. They should consider these matters themselves and parents should also pay heed to the guidance that they make friends with due care and attention - it is the guidance of the Holy Prophet(saw).

It is related by Hazrat Ayub(ra) on the authority of his father and grandfather that the Holy Prophet(saw) stated: "There is no better gift from a father to his children than good upbringing". As this Hadith points out it is the duty of the father to take care of the good upbringing of his children but the mother also plays an important role in this as has already been mentioned.

In another Hadith the Holy Prophet(saw) states: "A woman is charged with the duty of guarding and taking care of her home". It's the duty of a guardian to attend to matters relating to upbringing and training. As such a woman needs to take care of everything. A guardian needs to know everything. Moreover, she needs to know matters in minute detail. However, here I will repeat that during the upbringing and training of children, parents should not resort to harshness. Try to make the children understand gently with love and kindness. If you are taking care of their upbringing from an early age, inculcating in them the habit of offering namaz, keeping them closely involved with the Jama'at - there will develop in them a relationship with the Jama'at. Consequently, children will acquire good habits from an early age and you will not have to work too hard. However, if in addition to this, you are also praying for them, Allah the Almighty will bless your efforts.

In another Hadith the Holy Prophet(saw) stated: "Make your children offer salat from the age of seven and up to the age of ten make them adhere to this strictly and give them separate beds". Strictness mentioned here, however, does not imply that you start beating your children in order to make them offer namaz - this will only create hatefulness in the child. Tell them once, twice, thrice - until they become regular in offering namaz, keep on telling them and persist in this. If parents are living with their children in a friendly atmosphere, their facial expressions will let the children know that the parents are displeased with them. This will be sufficient for their training.

In this way if you can inculcate the love of Allah and His Messenger in your children and the love for their religion takes root in their hearts, then with Allah's blessing no one will be able to remove this love from their hearts.

The Promised Messiah(as) has also stated that being harsh with children and beating them is a kind of shirk. You should, therefore, make them understand with love and kindness and do so persistently.

May Allah the Almighty enable every Ahmadi woman to become one who understands her responsibilities and attends to the good upbringing and training of her children. May all of us be among those who follow the commands of Allah and His Messenger(saw) and act upon the teachings of the Promised Messiah(as). May it be so that true taqwa becomes established not only within us but also within our future generations - Ameen.

May Allah the Almighty enable every Ahmadi woman to become one who understands her responsibilities and attends to the good upbringing of her children. May all of us be among those who follow the commands of Allah and His Messenger and act upon the teachings of the Promised Messiah(as). May it be so that true Taqwa becomes established not only within us but also within our future generations. Ameen.

Surah Fatiha

بِسْمِ اللّٰهِ الرَّحْمٰنِ الرَّحِيْمِ

اَلْحَمْدُ لِلّٰهِ رَبِّ الْعٰلَمِيْنَ ۝٢ الرَّحْمٰنِ
الرَّحِيْمِ ۝٣ مٰلِكِ يَوْمِ الدِّيْنِ ۝٤ اِيَّاكَ نَعْبُدُ وَ
اِيَّاكَ نَسْتَعِيْنُ ۝٥ اِهْدِنَا الصِّرَاطَ
الْمُسْتَقِيْمَ ۝٦ صِرَاطَ الَّذِيْنَ اَنْعَمْتَ عَلَيْهِمْ ۵ غَيْرِ
الْمَغْضُوْبِ عَلَيْهِمْ وَلَا الضَّآلِّيْنَ ۝٧

In his Friday Sermon of 27th May 2005, when Huzur(aba) enjoined the members of the Jama'at to recite Surah Fatiha seven times daily, he stressed that one should also reflect upon its meaning.
Our Jama'at is fortunate that we possess the vast treasure of the writings of the Promised Messiah(as) making available to us interpretation and understanding of the Holy Qur'an that was divinely bestowed upon him.

Presented below is a brief collection of some of his statements and writings on the first chapter of the Holy Qur'an.
[Source: 'Commentary of the Holy Quran Vol 1 - Surah Fatiha' - compiled from the writings of the Promised Messiah(as)]

Surah Fatiha is a miracle. It comprises both commandments and prohibitions as well as grand prophecies. The Holy Qur'an is a vast ocean. Should one need to consult it in relation to some point, one should ponder well over Surah Fatiha for it is the Mother of the Book. From it issue forth insights into the Holy Qur'an.
(Al Hakam Feb 17 1901).

Since hell has seven gates, Surah Fatiha has seven verses. Each one of its verses thus provides a means of security against one's approach to hell.
(Al Hakam Feb 17 1901).

The truth is that Surah Fatiha encompasses every science and every insight and comprises all points of truth and wisdom and answers the query of every seeker and overwhelms every assailant. It feeds every guest who desires to be entertained and provides drink for every visitor.

It dispels every doubt that could take one to the brink of disaster and uproots every worry that could lead to confusion of even the leaders who have lost their way and brings them back to the right path. It humbles every implacable enemy and cheers up the seekers. There is no physician comparable to it for washing out the poison of sin and healing the crookedness of hearts and it leads to righteousness and certainty - (Karamat-us-Sadiqeen p 103)

Introduction to the Books of the Promised Messiah (as)

The Promised Messiah and Mahdi, Hadhrat Mirza Ghulam Ahmad (as), wrote more than eighty books, mostly in Urdu, Arabic, and Persian. Only a small number of these have been translated into English. Presented below is a selection from the book compiled by the late Maulana Naseem Saifi Sahib, entitled Introducing the Books of the Promised Messiah(as).

Islami Usul Ki Philosophy
(The Philosophy of the Teachings of Islam)

It was originally written as an Address for a Conference of Religions which was held at Lahore (now in Pakistan). The conference was organized by a Sawami (Hindu) who called upon the representatives of different faiths to explain the teachings of their respective religions in connection with the following five topics:

1. *Physical, moral and spiritual conditions of man.*
2. *Life after death.*
3. *The aim of life on this earth and how that aim can be achieved.*
4. *What is the impact of our actions on the life in this world and on the life hereafter.*
5. *God-realization and how it can be contained; what are its sources.*

The conference was held from 26th December 1895 and this address of the Promised Messiah(as) was read out by Hadhrat Maulvi Abdul Karim(ra), a great companion of the Promised Messiah(as). Since the whole of the address could not be read within the scheduled time, another day had to be added to the conference, so that the address could be completely read there.

After the conference a large number of newspapers expressed their spontaneous admiration for this address and admitted that this was the best of all. That is what God had told the Promised Messiah(as) beforehand and he had issued a poster to that effect.

Since then it has been printed in a book form several times in editions of thousands of each, and one edition of one hundred thousand. It has become almost the best known book in the Ahmadiyya literature.

Seeratul Abdal
(The Characteristics of the Godly People)

This book, written in Arabic, is a most beautiful piece of literature. The Promised Messiah(as) begins by saying that he would like to remind the people that he had been commissioned by God through revelation and has been sent to all mankind and the angels had descended for him from the heavens to the earth and his place of abode, Qadian, had been made a sacred place. He further says that if the people thought about this matter, they would see what he has seen and they would drink of the pure (spiritual) water (i.e. they would receive knowledge from the heavens) and their certainty would increase. The Promised Messiah(as) puts forward his claim to be the Promised Messiah and he offers good news to the God-fearing people. Signs of the God fearing persons are described in order that it may enable people to make a distinction between them and others. In fact, this book is a continuation of Alamatul Muqarrabeen (signs of those near to God) and in it the Promised Messiah(as) has explained at a greater length the characteristics of those who are commissioned by God to reform the world and he also describes how the blessings accrue to the world through such Reformers. The Promised Messiah(as) claims that he possesses all these characteristics and he definitely is a Reformer and commissioned by God to bring the people back to His door.

Sut-Bachan (The True Word)

The Promised Messiah(as) states that he wrote this book to refute the charges of the Aryas levied against Baba Nanak, a very godly person who spoke the truth and acted the righteously. This refutation was meant to urge the Aryas to realise the true position of Baba Nanak and to follow in his footsteps.

The second reason why this book was written was to show that Baba Nanak was, in his words and his deeds, a Muslim. He shunned the Vedas and adopted the Islamic beliefs and the Islamic way of life. In the poetry composed by Baba Nanak, he has made it clear that salvation depends upon believing in the Islamic declaration - La ilaha illallah Mohammadur Rasulullah. He became initiated at the hands of a Muslim saint and he spent some time at places where the shrines of Muslim saints in order to pray to God and seek His nearness. He performed Haj twice and the cloak that he has left behind is a pure proof of his being a Muslim. This cloak has Islamic inscription upon it.

Although the Sikhs who claim to be the followers of Baba Nanak did not like the idea of his being a Muslim, the Promised Messiah (as) proved it from their own books. In this book the Promised Messiah(as) outlines the history of this cloak and also of BabaNanak's stay at different shrines of the Muslim Saints. Moreover, he states that he is not the first person who is saying that Baba Nanak was a Muslim - there have been other people also who said the same and to cite an instance he quotes Hughes Dictionary of Islam.

Further, he gives the criterion of the religion that conforms with the nature of man. The Promised Messiah (as) states that freedom in the matters of religion that the British government has introduced in India is a great blessing for comparing various religions and finding out where the truth lies. He states that the opportunity he has been given to spread Islam was not available even to the kings before that time.

The Promised Messiah(as) also mentions the printing presses that have been set up to facilitate the conveyance of message to a much larger number of people.

After this, the Promised Messiah(as) takes up the Arya religion, Christianity and Islam and gives a detailed account of the teachings of the three dispensations.

While talking about Islam, the Promised Messiah (as) states that its teachings are in complete accord with the nature of man. He cites the instance of belief in God and says that if all the scriptures are lost, man would be able to 'see' God in nature, as He is presented by Islam. Having given some detail of the teachings of these three religions, he leaves it to the reader to come to the conclusion that Islam is the best - and now the only one acceptable to God.

He also makes mention of the Balm of the Disciples which is well known by the name of Balm of Jesus. He cites it as a proof of the fact that when Jesus(as) was taken down from the cross, he was still alive and this balm was applied to his wounds.

Quotes
FLOWERS

Elegant phrases are nothing but flowers
Christopher Smart (1722-1777)

Flowers are nature's jewels
George Croly (1780-1860)

In all places and in all seasons,
flowers expand their light and soul-like wings
Henry W. Longfellow (1807-1882)

The tall rose in her vase
leans towards me
whispering scented words
I hear with delight.
But when I grasp its stem
Its thorns speak sharply
With a different voice
Michael Bullock (1918-)

RISHTA NATA DEPARTMENT

THE LAJNA RISHTA NATA DEPARTMENT HAS BEEN SET UP TO ADVISE AND HELP IN MATCHING INDIVIDUALS FOR THE PURPOSE OF MARRIAGE. THE DEPARTMENT SEEKS THE SUPPORT OF THE JAMAAT IN ENABLING IT TO PROVIDE GOOD OUTCOMES.

THE TEAM IS MADE UP OF SEVERAL MEMBERS WITHIN THE UK.

INCHARGE RISHTA NATA
SADIQA KARAMAT: 0208 871 1760

MUAVINAT:
AMTUL LATIF: WANDSWORTH
0208 789 2523
KISHWAR RAFI: SUTTON
01737 359 895

THE TEAM ARE AVAILABLE FOR CONSULTATION ON:

MONDAY
BETWEEN ZUHR AND ASAR AT:
75 GRESSENHALL ROAD, PUTNEY

FRIDAY
AFTER JUMMAH AT: BAITUL FUTUH AT THE LAJNA OFFICE

SUNDAYS
10am - 2pm AT BAITUL FUTUH AT AT THE LAJNA OFFICE

The Prophecy of the Gold Armlets

Extracted from the book "Hadhrat Umar Farooq(ra)
by R A Chaudhry

Bear children, I am sure you know that Hadhrat Umar Farooq(ra) was the second Khalifa of the Holy Prophet (saw). This story relates to the time when Hadhrat Umar's armies were challenged to war by the Persians and having fought bravely, with the special help of Allah the Almighty, the Muslims gained a glorious victory over the Persian army.

When the treasures of Persia came to Medina, these included the gold armlets of the King of Persia that he used to wear on special state occasions.

Hadhrat Umar sent for Suraqa and made him wear the armlets in order to fulfill a prophecy of the Holy Prophet(saw) that he had made while migrating from Mecca to Medina.

It so happened that when God commanded the Holy Prophet to leave Mecca, he managed to leave his house without being seen, in spite of the siege by Meccans who wanted to kill him. The Meccans sent parties in every direction to capture the Holy Prophet(saw) of Islam and had announced a reward of one hundred camels for any one who would bring him back, dead or alive. Saraqa bin Malik, who had heard of the reward, was on the lookout too. One day he saw from a distance that the Holy Prophet(saw) was heading towards Medina along with Hadhrat Abu Bakr(ra). Saraqa, sure of the reward, spurred his horse in that direction. When he came close, the legs of his horse sank in the sand and he fell down. He got up, consulted his arrows in an old Arab fashion and the arrows predicted that it was not a good omen for him to go further but the temptation of the reward was so great that he got on his horse again and set out after the Holy Prophet. As he came closer, the legs of his horse sank in the sand and he fell down from the horse once again. Saraqa consulted his arrows for the second time, and they gave the same message of bad luck. Saraqa then changed his mind He realised that the Holy Prophet(saw) was under Divine protection. So, he called out to the Holy Prophet (saw) and told him of his evil intention and that he was giving up the pursuit and turning back. As he was returning, the Holy Prophet(saw) said to him, *"Saraqa! How would you feel when the armlets of the King of Persia are on your wrists"?*

Saraqa was amazed to hear these prophetic words. Later on he accepted Islam and lived in Medina. Hadhrat Umar gave the King of Persia's armlets to Saraqa in memory of the words of the Holy Prophet(saw). Even though the wearing of gold by Muslim men is not allowed, Saraqa would wear the armlets, in order to provide a visible proof of the great prophecy of the Holy Prophet(saw) that one day Allah the Almighty would grant to the Muslims the kingdom of Persia.

Prayers and Supplications for KHILAFAT JUBILEE 2008

Hadhrat Khalifatul Masih V (aba) in his Friday sermon on May 27th, 2005 has exhorted the Jama at to start praying and supplicating before Allah in anticipation of completion of Ist Century of Khilafat Ahmadiyya in 2008.

Observe Optional Fast every month with prayers to Allah that may He keep Khilafat established in Jama'at forever.
Offer two Nafal prayers daily and pray for the stability and prosperity of the Jama'at.
Recite - Surah Fatiha seven times daily and ponder on its meanings to be safe from all kinds of mischiefs.
Recite - Darud Sharif at least 33 times
Recite - (11 times daily)

رَبَّنَآ اَفْرِغْ عَلَيْنَا صَبْرًا وَّ ثَبِّتْ اَقْدَامَنَا وَ انْصُرْنَا عَلَى الْقَوْمِ الْكٰفِرِيْنَ

Recite - (33 times daily)

رَبَّنَا لَا تُزِغْ قُلُوْبَنَا بَعْدَ اِذْ هَدَيْتَنَا وَ هَبْ لَنَا
مِنْ لَّدُنْكَ رَحْمَةً ج اِنَّكَ اَنْتَ الْوَهَّابُ

Recite - (11 times daily)

اَللّٰهُمَّ اِنَّا نَجْعَلُكَ فِيْ نُحُوْرِهِمْ وَنَعُوْذُ بِكَ مِنْ شُرُوْرِهِمْ

Recite - (33 times daily)

اَسْتَغْفِرُ اللّٰهَ رَبِّيْ مِنْ كُلِّ ذَنْبٍ وَّ اَتُوْبُ اِلَيْهِ ط

Recite - (33 times daily)

سُبْحَانَ اللّٰهِ وَبِحَمْدِهٖ سُبْحَانَ اللّٰهِ الْعَظِيْمِ
اَللّٰهُمَّ صَلِّ عَلٰى مُحَمَّدٍ وَّاٰلِ مُحَمَّدٍ

TEHRIK FOR PRAYER AND WORSHIP

In his Friday Sermon of 27th May 2005, Huzur(aba) stated that in two years the first centenary of Ahmadiyya Khalifat shall be completed(Inshallah). Huzur(aba) laid out a programme of prayer and worship that he wanted members of the Jama'at to adopt during the next two years and this is presented below:

❁ Recite Surah Fatiha seven times daily, reflecting on its meaning

اَلْحَمْدُ لِلّٰهِ رَبِّ الْعٰلَمِيْنَ ۝٢ الرَّحْمٰنِ
الرَّحِيْمِ ۝٣ مٰلِكِ يَوْمِ الدِّيْنِ ۝٤ اِيَّاكَ نَعْبُدُ وَ
اِيَّاكَ نَسْتَعِيْنُ ۝٥ اِهْدِنَا الصِّرَاطَ
الْمُسْتَقِيْمَ ۝٦ صِرَاطَ الَّذِيْنَ اَنْعَمْتَ عَلَيْهِمْ ۵ غَيْرِ
الْمَغْضُوْبِ عَلَيْهِمْ وَلَا الضَّآلِّيْنَ ۝٧

❁ Recite the following prayers as much as possible throughout the day:

رَبَّنَآ اَفْرِغْ عَلَيْنَا صَبْرًا وَّ ثَبِّتْ اَقْدَامَنَا وَ انْصُرْنَا عَلَى الْقَوْمِ الْكٰفِرِيْنَ

Rabbana afrigh 'alayna sabra(n) wa thabbit aqdaamana wansurna 'alal qawmil kafireen.
" O our Lord, pour forth steadfastness upon us, and make our steps firm, and help us against the disbelieving people."
A prayer that is very significant in keeping

Al-Nusrat May 06 17

hearts straight and Hadhrat Nawab Mubarika Begum Sahiba(ra) saw in a dream that the Promised Messiah(as) enjoined its frequent recitation:

رَبَّنَا لَا تُزِغْ قُلُوْبَنَا بَعْدَ اِذْ هَدَيْتَنَا وَ هَبْ لَنَا
مِنْ لَّدُنْکَ رَحْمَةً ۚ اِنَّکَ اَنْتَ الْوَهَّابُ

Rabbana la tuzigh quioubana ba'da ith hadaytana wa hab lana min ladunka rahmatan inaka antal wahhab

" Our Lord, let not our hearts become perverse after Thou hast guided us; and bestow on us mercy from Thyself; surely, Thou alone art the Bestower"

اَللّٰهُمَّ اِنَّا نَجْعَلُکَ فِیْ نُحُوْرِ هِمْ وَنَعُوْ ذُ بِکَ مِنْ شُرُوْرِهِمْ

Allahumma inna naj'aluka fi nu'hourihim wa na'outhu bika min shurourihim

" O Allah! We make You a shield against the enemy and we seek Your protection against their evil designs."

❁ Huzur(aba) also enjoined all Ahmadis to engage in offering Istighfar in the following words:

اَسْتَغْفِرُاللّٰهَ رَبِّیْ مِنْ کُلِّ ذَنْبٍ وَّ اَتُوْبُ اِلَيْهِ ط

Astaghfirullaha Rabbi min kuli tha(m)bin wa atoubu ilayhe

I beg pardon of Allah, my Lord, for all my sins and I turn to Him."

❁ In addition Huzur(aba) instructed the Jama'at to recite Durood as much as possible, imploring Allah to shower upon the Holy Prophet(saw) His special Blessings.

Huzur(aba) **added that each** Ahmadi should pay particular **attention to this** in the next three years.

سُبْحَانَ اللّٰهِ وَبِحَمْدِهٖ سُبْحَانَ اللّٰهِ الْعَظِيْمِ
اَللّٰهُمَّ صَلِّ عَلٰى مُحَمَّدٍ وَّاٰلِ مُحَمَّدٍ

0 Allah, bestow upon Muhammad your choices favours and upon his progeny, as Thou didst bless Abraham and his progeny. Thou art indeed the Praiseworthy, the Exalted.

0' Allah, shower your blessings upon Muhammad and his progeny, as Thou didst bless Abraham his progeny. Thou art indeed the Praiseworthy, the Exalted.

❁ Huzur also enjoined the Jama'at to offer two raka'at nafal every day seeking Allah's support for the progress of the Community and the perpetuation of the Ahmadiyya Khilafat and to keep one fast each month specifically for this purpose.

SOME AMUSING DEFINITIONS

GOSSIP: *A person who will never tell a lie if the truth will do damage.*

MOSQUITO: *An insect that makes you like flies better.*

SECRET: *Something you tell to one person at a time.*

TOMORROW: *One of the greatest labour saving devices of today.*

BASED ON EXPERIENCE?

Experience is something you don't get until just after you need it.

Success always occurs in private, and failure in full view.

The Best Path to God

The Late Hadhrat Mirza Tahir Ahmad, Khalifat-ul-Masih IV(ra) captivated large audiences with his brilliant exposition of matters relating to religion and belief. Presented below is his answer to a question that he was asked during a session held in Germany in 1996.

Questioner: My question is why I should be a Muslim, a follower of Prophet Muhammad, and how can I become one?

Hadhrat Mirza Tahir Ahmad(ra): If you become a believer in God, that is the first step towards religion and when you become a believer in God the best approach to this issue should be to ask, which is the religion that can help you get closer to God quicker than other religions, with greater certainty and with less danger? As such, when you look upon religions in comparison with Islam, Islam's distinctive features will rise above upon the horizon where they could not be confused with features of other religions. For instance, when you believe in God, you also believe in the universality of God. It is impossible for you to believe that God sent His Messengers only to one particular people, at one particular time and forgot all His other creation everywhere else in the world. If it is such a God, it is better not to believe in Him. God can only be believed in if He is universal. So, find the elements of universality in religion. In whichever religion you find universality depicted and maintained, that is the best religion.

For instance, when one becomes a Christian, it is not essential for one to believe in Buddha, to believe in Krishna, to believe in Zoroasthra or in any other Prophet of God. Belief in Christ alone is considered to be sufficient. One cannot even believe in the truth of the Prophet Muhammad because if one did, one would not remain Christian. In Islam, it is exactly the opposite. A belief in Islam requires a person to believe in Buddha, to believe in Krishna, to believe in Jesus, to believe in Moses, to believe in all the Prophets of God who appeared all across the world. What, then, is to be considered a better teaching? Islam, obviously! It is a universal religion. It relates to the concept of God having created all human beings. If you were to compare Islamic teachings with teachings of other religions, you will be led to Islam by the force of argument, by the force of rationality. There will be no other choice left for you. That is one way of reaching Islam. The second is by praying to God. If you want to reach God, why not ask Him which is the best path? If you turn to Him with all sincerity, with a resolution that if you are led by Him to a faith, whatever that may be, you will follow it, God will, then, take care of you. This is the surest and the easiest path to God.

Reflexology
An Ancient Practice in the Modern Day

Qudoos A. Bhatti

The whole of the body, according to the theory of Reflexology, is reflected in the feet and specific parts of the feet correspond to some part of the body. These are known as reflexes. Reflexology is a systematic method of pressure message to the feet or hands in order to stimulate these reflex points and bring about a balance of the bodily systems. By gently stimulating the reflexes in the feet, blockages of energy in the body can be released.

This ancient healing art of reflexology has been known to man for many thousands of years. It was first practiced by the early Indians, Chinese and Egyptians. Its later development is due to many factors, people and events. However, the founder of the modern day foot reflexology was Eunice Ingham and it was she who developed the map of the body through the feet.

The body has the ability to heal itself but certain situations like illness, stress, injury or disease can put it in a state of imbalance, blocking vital energy pathways and thus preventing the body from functioning effectively. The theory of reflexology claims that it can restore and maintain the body's natural equilibrium and encourage healing by unblocking congested pathways by applying gentle pressure to the reflex points of the feet which, it is claimed, enables the detection of tiny deposits and imbalances in the feet. By working on these points, it is claimed, free flow of energy can be restored to the whole body.

After the initial consultation, on your first visit to a Reflexologist, you will be asked to remove your shoes and socks and lie down comfortably on a couch or a recliner chair. The foot will then be examined to note any visible problem areas.
Some people may have a hypersensitive reaction and treatment will be discontinued if the following occur: extreme sweating, dizziness, faintness, nausea, uncontrollable shaking.

Reflexology is a gentle therapy for which it is claimed that it encourages the body to heal itself at its own pace. It is a natural, non-invasive therapy and no medication is used. Its practitioners claim that it safely restores the flow of the body's natural healing energies and aids in returning to optimum health.

CAREERS PAGE
WHY I CHOSE PHARMACY AS MY PROFESSION

Mrs Sahdia Malik

When I was asked to write about my career, I sat for quite some time thinking why I chose to become a pharmacist. I then realized that it was actually my mother who decided it for me probably the day I was born. Since, my childhood she always answered for me when people asked me about my career. However, I have no regrets and am glad she decided this for me.

My mother always said that she felt pharmacy was such a fabulous career that it also allowed you to do all the other jobs associated with women. I couldn't agree more. It is definitely a profession ideal for women. It allows flexibility, working hours that suit you, time to be involved in other social activities, work as much or little as one wants, career progression and no doubt a rewarding profession especially if one works in hospital. Once qualified as a pharmacist, one can work in hospital, community or industry. The career opportunities are endless.

I have now been working for the NHS for ten years and have enjoyed it thoroughly. It is challenging and demanding at times and certainly mentally stressful, but it becomes all worth it, when one is able to help a sick patient by ensuring that they receive correct medication for their diagnosis and through their knowledge aid their recovery. Nowadays, most pharmacists in hospitals work alongside doctors on wards, attend ward rounds, organise teaching sessions for both doctors and nurses and are involved in their own continuous profession development. They are linked with all departments of the hospital and it would not be wrong to state that presently most professionals significantly rely on pharmacists' advice for better patient care. Pharmacists are also working alongside several G.P.'s in their surgeries to improve and amend patient's medication regimes.

Unfortunately, I am not able to write in so much detail about working in community, as I have always preferred hospital, but they equally provide patient contact, developing career opportunities and progressing towards becoming pharmacy and retail managers. They also give the opportunity to work longer days, which are quite beneficial because it results in a shorter week, again allowing me to do other lajna activities. I have not worked in industry either but that usually involves taking part in research, developing clinical trials and working for large pharmaceutical companies. As mentioned above, once qualified, there are so many different opportunities available.

The following entry requirements are required by universities to do a pharmacy degree:

5 GCSE'S passes between A to C 3 A-level passes either 3-B's or B,B,A

However, it has been a long time since I graduated and it is always best to refer to current prospectus for entry requirements. After completing four years at university, one then has to complete a pre-registration year either in hospital or community in order to register with the pharmaceutical society and practise as a pharmacist.

I would like to end by writing that any nasrat or lajna who would be interested in pursuing a career in pharmacy should try to do some work experience in either a hospital or community in order to get some insight experience which will help them to choose the right career for them. I enjoy my job, it is rewarding and my hours of work are flexible which allow me to enjoy time with my family and give me time to read and write for Al Nusrat.

The Isle of Wight

Sara Nasser

The Isle of Wight, sometimes referred to as the 'Garden Isle' has attracted admirers for centuries, from Queen Victoria whose favourite residence was Osbourne House, near Cowes, to round-the-world sailing queen, Ellen McArthur who has a home there. Almost half of the Island is designated as an Area of Outstanding Natural Beauty and has long been known as the "garden isle" with delightful rolling countryside and wild chalk downland, rich in wildflowers and animal life. Picturesque villages give way to pretty farms, river valleys and nature reserves.

An important attribute of this island is its beautiful coastline, which extends around the whole island. A trip round the coast is even more impressive with spectacular cliffs stretching for miles along the east and west coasts-culminating in The Needles, the unique chalk towers jutting into the sea. The stunning coastline and beaches are only further enhanced by the sunshine and unique climate. Once Queen Victoria had started the fashion, her subjects flocked to enjoy the Island's mild climate, creating health resorts such as Ventnor, elegant esplanades and piers to promenade along.

Today, the Island still enjoys a pleasant climate, with towns such as Ventnor and Shanklin regularly appearing in lists of the UK's 10 sunniest places. And you can take full advantage with a total of 13 Seaside Award- or Blue Flag Award-winning beaches, ranging from quiet coves to golden sands.

There are a vast number of attractions and adventures to be explored within the island. The Island itself is famous for sailing activities, epitomised by Cowes Week, a huge international event (30 July-7 Aug). There are many other races and regattas throughout the season. Extreme sports enthusiasts flock to the annual White Air Festival. If you want to join in, there is surfing tuition at Sandown and Compton Bay, a hang-gliding school at Freshwater Bay and pilot training at Sandown Airport. Even if the sun doesn't always shine during one's visit, the Island is well provided with attractions for all the family to enjoy. For history lovers, there are castles such as Carisbrooke, famous for Charles I's imprisonment, Roman villas at Brading and Newport, and stately homes such as Osborne House. There are many fun parks with rides, amusements and entertainments, as well as wildlife parks and farms.

One of the most spectacular hall marks on the resort is Osbourne House in East Cowes. Osbourne House was built by Queen Victoria in 1845-51 as a country retreat for her and her family. It was favoured for its beautiful views and tranquil surroundings, with a Victorian walled garden and Swiss cottage. As well as serving as a welcome escape for the Queen and Prince Albert from their hectic lifestyle on the mainland, the house was also lavishly furnished and decorated to welcome and accommodate heads of state. The Durbar Room is particularly interesting especially for visitors from the Indian subcontinent as most of the objects here relate to that region during the days of the British Raj.

CHILDREN'S CORNER

Melon in a Jar

(Sent by Mrs A M Talukdar)

One day long, long ago, the Sultan of a distant land was hunting in the forest. He became separated from his companions. As he looked around wondering what he should do, he saw a hut with a garden. In the garden was a girl called Salma, who was looking after the plants. The Sultan said to her, "Tell me my dear, what plants are you growing here? She replied, "Melons and water melons".

The Sultan was very thirsty and he asked the girl for a drink. "We were hunting in the hot weather", he told her. Salma replied, 'O Your Majesty! We do have water, but we only have a crude old jar in which to serve it. Surely it is not right or worthy that you Majesty should drink from such a worn out old jar. If only we had a jar of pure silver, that would be a fitting vessel for you to drink from." The Sultan replied, "Never mind the jar, I'm so thirsty that I do not care what state the jar is in, as long as the water is cool."

Salma went into the house and fetched the jar. She filled it with clear cool water and the Sultan drank his fill. After he had finished, the Sultan handed the jar back to her. Salma took the jar and smashed it against the staircase, and it broke into tiny pieces.

The Sultan was amazed at this. He thought she had been very rude. He cried out, "You can see that I am a noble Sultan who holds the crown. What possible reason could you have for shattering that jar, after I gave it back to you?" Salma replied, "The reason I broke the jar was that I should not like to have it used by anyone else after you have touched it." On hearing this, the Sultan made no reply, but in his heart he came to realise that the girl was a good and virtuous person after all. On his way home he began to wonder whether she was as clever as she was virtuous.

One day, after some time had passed, the Sultan ordered a soldier to take a new jar to Salma. The opening at the top of the jar was only one inch across. He ordered the soldier to tell her that the jar was from the Sultan, and that she was to put a whole melon inside the jar, without breaking the jar or the melon.

Salma returned a message to the Sultan saying that she was certain that she could do what His Majesty ordered, but that it might take some time. Indeed it was a few months before the girl came to the palace. She carried the jar with her and the Sultan examined it closely and saw that it did have a whole melon inside it. Both the jar and the melon were undamaged. He was so delighted at this that he asked Salma's parents for her hand in marriage. The Sultan was convinced that Salma was indeed as clever as she was virtuous. She gladly accepted - and they lived happily ever after.

But how did Salma get a whole melon into a jar with such a small opening?

This was Salma's secret: She placed a melon seedling, still attached to a vine in the ground, inside the jar through its small opening. The melon seed grew into a full-sized melon. When the melon filled the jar, she simply cut off the stem and delivered the jar with the melon to the palace.

CHILDREN'S CORNER

Energy Booster Drink

Sent by Samina Naveed Khan MSc (Food & Nutrition)

For a smooth, tasty drink that is full of iron, calcium and potassium try this quick'n easy recipe, try blending the juice of the following fruits:

150g (5oz) Carrots
100g (3.5oz) Orange
100g (3.5oz) Banana & dried Apricots

Bananas are packed with slow-release energy, making them better than sugary drinks and confectionery for a quick energy boost. A banana with a glass of milk in the morning is a healthy and quick breakfast in the morning.

Vegetable Toner for the Face

Ingredients : 2 oz/50g each of tomato flesh, green lettuce leaves, cucumber flesh and 2 oz/50g lemon juice.

Method : Either extract the juice in a juice extractor or use a blender and then strain the pulp.

[Care Note: You may like to do a patch test on the face first, in case your skin shows an allergic reaction to any of the above ingredients or as a mixture]

The juice mixture can be used with cotton wool as a toner on a cleansed face, keep for about 15-20 minutes then rinse face with cold water. It can also be used in a face mask by using some of the fruit pulp and blending with a small amount of wholemeal legume flour (e,g gram flour) or similar. Again keep on face for about 20 minutes then rinse off with cold water.

COOKERY

Here are a few treats for those with a sweet tooth!!

Gulaab Jaman

Jaman Ingredients
 two cups of dried milk powder
one egg
one teaspoon plain white flour
half teaspoon semolina
two teaspoons baking powder
Syrup Ingredients
 two cups sugar
two cups water
four or five illaichis
oil for frying

Make the syrup by dissolving sugar into water. Add the illaichi seeds and cook until the mixture starts to boil. Leave the water to simmer for a while, until a syrup consistency is obtained.

Mix together the jaman ingredients into a dough and make into about thirty balls. Deep fry until brown. Add into the syrup.

Ras Malai

Dough Ball Ingredients
One cup of powdered dry milk
One egg
One teaspoon of oil
A quarter teaspoon of baking powder
Syrup ingredients
one litre of milk
six tablespoons of sugar
seeds of one allaichi

Mix together all the dough ingredients and form into small oval, slightly flattened balls.

Boil the milk and sugar. When the milk starts to boil, add the malai balls. When they start to swell up. Lower the heat and cook for ten minutes.

ایک بھانک خواب

انگلستان کے ایک چھوٹے سے شہر میں ایک لوہار رہتا تھا۔اس کے بہت سے بچے تھے اور اسکی بیوی ہر وقت اپنے ہاتھ سے بچوں کے کپڑے سینے میں مصروف رہتی تھی۔لوہار نے سوچا کیوں نہ وہ ایسی مشین ایجاد کرے جس سے کپڑے جلدی سل جائیں کئی مہینوں کی محنت کے بعد وہ مشین بنانے میں کامیاب ہو گیا لیکن مشین کی سوئی اور پھر اُس میں دھاگہ ڈال کر سینے والے معاملہ میں الجھ کر رہ گیا۔گھر کی ایک ایک پائی خرچ کر کے تجربات کئے لیکن ناکام رہا۔ پہلے ہی غریب اور عیال دار تھا اب اور زیادہ غریب ہو گیا۔

ایک رات پریشانی میں سویا تو ایک ڈراؤنا خواب دیکھا کہ افریقہ کے جنگلوں میں، حبشیوں کے ایک گروہ نے اُسے پکڑ لیا ہے اور لمبے لمبے نیزوں سے اُسے قتل کرنا چاہتے ہیں اور اُن کے نیزوں کی نوک کے ساتھ موٹے موٹے رسے بندھے ہوئے ہیں۔وہ چیخ مار کر خواب سے بیدار ہوا اور اپنی خواب پر غور کرنے لگا۔ اُس کے دماغ میں ایک خیال آیا اور وہ خوشی سے اچھل پڑا۔

صبح اٹھ کر اُس نے سب سے پہلا کام یہ کیا کہ مشین کی سوئی جس کا ناکہ (دھاگہ ڈالنے والا سوراخ) اُس نے عام سوئی کی طرح اوپر کی طرف بنایا تھا اُسے نیچے سوئی کے باریک سرے (نوک) پر منتقل کر دیا۔پھر دھاگہ ڈال کر سینا شروع کیا تو مشین بالکل درست کام کر رہی تھی۔

❁❁❁❁❁❁

لطائف

☆ایک شخص سیڑھیوں سے گر کر ٹانگ کی ہڈی تڑوا بیٹھا۔ڈاکٹر نے پلاسٹر چڑھا دیا اور ہدایت کی کہ سیڑھیاں وغیرہ مت چڑھنا اترنا۔

''ہائے میں کیا کروں، ہمارا تو فلیٹ ہی تیسری منزل پر ہے'' وہ شخص فکر مند لہجے میں بولا

''کوئی اور انتظام کر لینا'' ڈاکٹر نے مشورہ دیا

دو ماہ بعد ڈاکٹر نے پلاسٹر اتار دیا اور کہا اب تم ٹھیک ہو سیڑھیاں اتر چڑھ سکتے ہو۔

وہ شخص بولا شکر ہے ورنہ میں تو پانی والے پائپ کے ذریعہ اترتے چڑھتے تنگ آ چکا تھا۔

☆ایک محفل میں دو عورتوں کی آنکھوں میں آنسو تھے۔

ایک نے دوسری سے کہا کہ میرے میاں آج ملک سے باہر گئے ہیں، میں بہت اداس ہوں اور مجھے رونا آ رہا ہے۔دوسری نے کہا کیا کروں میرے میاں کل بیرون ملک سے واپس آ رہے ہیں اس لئے سخت رونے کو دل چاہ رہا ہے۔

غرور و تکبر بری بلا ہے

مس قرینہ لندن

حضرت عبداللہ بن مسعودؓ بیان کرتے ہیں کہ آنحضرتؐ نے فرمایا کہ ''جس کے دل میں ذرہ بھر بھی تکبر ہو گا اللہ تعالیٰ اسے جنت میں داخل نہیں ہونے دے گا ایک شخص نے عرض کیا کہ یا رسول اللہ ''انسان چاہتا ہے کہ اس کا کپڑا اچھا ہو، جوتی اچھی ہو، وہ خوبصورت لگے۔آپؐ نے فرمایا یہ تکبر نہیں۔آپؐ نے فرمایا، اللہ تعالیٰ جمیل ہے، جمال کو پسند کرتا ہے۔تکبر دراصل یہ ہے کہ انسان حق کا انکار کرے۔لوگوں کو ذلیل سمجھے اور ان سے بری طرح پیش آئے'' (حدیقۃ الصالحین)

اللہ تعالیٰ کو یہ بات پسند ہے کہ وہ اپنے فضل اور اپنی نعمت کا اثر اپنے بندے پر دیکھے یعنی خوش حالی کے اظہار اور توفیق کے مطابق اچھا لباس اور عمدہ رہن سہن اللہ تعالیٰ کو پسند ہے بشرطیکہ اس میں تکبر اور اسراف کا پہلو نہ ہو۔اگر انسان کی مالی حالت اچھی ہو تو یہ اللہ تعالیٰ کا فضل ہی تو ہے لیکن ایسی حالت میں بھی اللہ تعالیٰ کا فرمان ہے کہ اپنی نظر کم وسائل لوگوں کی طرف رکھو، انہیں حقیر سمجھتے ہوئے نہیں بلکہ اللہ تعالیٰ کے فضلوں کو یاد کرتے ہوئے اور ان لوگوں کے لئے دعائیں کرتے ہوئے کہ اللہ تعالیٰ ان لوگوں کے حالات کو بھی بہتر بنا دے۔اللہ تعالیٰ اپنے سے اوپر بہتر مالی حالت میں زندگی گزارنے والے لوگوں کی طرف متوجہ ہونے سے بھی منع فرماتا ہے۔دراصل انسان بے حد کمزور واقع ہوا ہے۔ہر قدم پر ٹھوکر کا ڈر ہے اس لئے اللہ تعالیٰ نے راستے متعین فرما دیئے ہیں۔دوسروں کو اپنے سے بہتر دیکھ کر ایک کمزور انسان کے دل میں حسد اور جلن پیدا ہو سکتے ہیں اس لئے اللہ تعالیٰ نے منع فرما دیا کہ ادھر توجہ مت دو بلکہ اپنے سے نیچے کی طرف دیکھو تا کہ دل میں شکر کے جذبات پیدا ہوں۔ہمارا خدا کس قدر رحیم و کریم ہے ہر حال میں اپنے بندے کی بھلائی چاہتا ہے۔اللہ تعالیٰ نے حرص سے بچنے کی بہت تلقین فرمائی ہے۔بہر حال انسان غلطی کا پتلا ہے اگر کوئی بھی غلطی ہو جائے تو نادم ہو کر اور اللہ تعالیٰ کے حضور گڑگڑا کر معافی طلب کرنے پر اللہ تعالیٰ قصور معاف فرما دیتا ہے۔وہ اپنی رحمت سے ناامید ہونے سے منع فرماتا ہے۔

اشتہار

خواتین کے لئے

خوبصورت چوڑیاں

شادی اور دعوت کے موقع کیلئے

رابطہ کریں:۔مسز ایف شاہ 020 8654 8493

پھر چودہ سو سال بعد بانی سلسلہ احمدیہ نے اپنے آقا و مولا حضرت محمد مصطفیٰؐ کے نقش قدم پر چلتے ہوئے مہمان نوازی کے وہ بے مثال نمونے چھوڑے جو قیامت تک مشعل راہ ثابت ہوں گے۔

ایک مرتبہ قادیان میں جلسہ سالانہ کے موقعہ پر بہت لوگ اپنے ساتھ بستر نہ لائے۔حضور علیہ السلام نے اندرون خانہ سے اُن سب کے لئے بستر مہیا کئے۔بعض کارکنان عشاء کے بعد آپکی خدمت میں حاضر ہوئے تو دیکھا کہ حضور علیہ اسلام بغلوں میں ہاتھ دبائے بیٹھے ہیں۔سردی بہت تھی اور آپ نے اپنا بستر بھی مہمانوں کو دے دیا تھا فرمانے لگے مہمانوں کو تکلیف نہیں ہونی چاہیے۔ہمارا کیا ہے رات گزر ہی جائے گی۔کارکن نے خدا جانے کس تگ ودو اور کوشش سے کہیں اور سے ایک لحاف حاصل کیا اور آپکی خدمت میں لے کر حاضر ہوا۔آپ نے فرمایا کسی بھی ضرورت مند مہمان کو پہنچا دو، مجھے اکثر نیند بھی نہیں آتی ۔آپ کی کوشش ہوتی کہ مہمان کو اسکی پسند کا کھانا ملے۔حضرت اماں جانؓ بھی جلسہ سالانہ کے مہمانوں کا بہت زیادہ خیال رکھتی تھیں۔

23دسمبر 1983 بمقام مسجد اقصیٰ ربوہ میں ہمارے حضور خلیفۃ المسیح الرابعؒ نے مہمان نوازی کے فرائض کو اجاگر کرتے ہوئے فرمایا ''مہمان کی روحانی مہمان نوازی کا ایک اور طریق یہ بھی ہے کہ گھر میں سیرت کے مضامین پر باتیں کریں ایمان افروز باتیں کیا کریں۔

آنحضرت صلی اللہ علیہ وسلم کی سیرت کے واقعات صحابہ کی سیرت کے واقعات اسی طرح اس دور میں حضرت مسیح موعود علیہ السلام نے جو آنحضرتؐ کی سیرت کو زندہ کیا ہے، یہ واقعات ہیں جن سے محفلوں کی رونق دوبالا ہو جاتی ہے۔

ہمارے جلسہ سالانہ کی عظیم الشان برکتوں میں سے ایک یہ بھی ہے کہ اس میں شرکت کرنے والے سیّدنا حضرت مسیح موعود کی اُن مقبول دعاوں کے وارث بنتے ہیں جو حضور علیہ السلام نے سال بہ سال شرکت کرنے والوں کے لئے مانگیں۔

حضرت مصلح موعودؓ ایک مرتبہ جلسہ میں شرکت کے لئے موٹر پر تشریف لے جا رہے تھے،موٹر کی آواز سنکر لوگ بھی جلسہ گاہ کی طرف دوڑنے لگے تب حضرت مصلح موعودؓ نے دعائیں شروع کر دیں کہ ''خدایا جس طرح یہ دوڑ رہے ہیں اسی طرح تیرا فضل بھی انکی طرف دوڑ کر آئے''۔

حضرت خلیفۃ المسیح الثالث نے مسندِ خلافت پر متمکن ہونے کے بعد اللہ تعالیٰ سے جو پہلا نشان مانگا وہ قبولیت دعا ہی کا نشان تھا۔

1966 کے جلسہ سالانہ پر آپؒ اس طرح دعا گو ہوتے ہیں،'' خدا کرے تمہارا وجود دنیا کے لئے ایک مفید وجود ہو جائے۔ایک دنیا کی دعائیں تمہیں ملتی رہیں۔سب ہی دنیا تمہیں جانے اور پہچانے،سب ہی تمہاری سلامتی چاہیں۔توکل اور فرمانبراری کے مقام پر ثبات قدم تمہیں حاصل ہو۔لقائے الٰہی کی جنت کے تم وارث بنو۔خدا کرے کہ توحیدِ خالص کے قیام کا تم ذریعہ بنو۔خدا کرے کہ عشقِ محمدؐ میں تم ہمیشہ مسرور اور مست رہو۔خدا کرے کہ نور محمدؐ کی شمع تمہارے ہاتھ سے ہر دل میں فروزاں ہو'' (الفضل فروری 1967)

انہی مسحور کن خیالات اور سوچوں میں ,دعاوں کی مدھر کیفیات میں اور روحانی میں آج جلسہ کا پہلا دن بسر کرنے کے بعد وہ خدا تعالیٰ کے آستانہ پر جھک گئی کہ اے میرے مولا میں تیرا شکر کس زبان سے ادا کروں کہ تو نے مجھے ایک احمدی گھرانے میں پیدا کیا۔وہ اِن روحانی لذتوں سے باہر آنا نہیں چاہتی تھی۔وہ حمد و ثناء کے گیت گاتی گھر کی طرف روانہ ہوئی۔الحمدللہ ابھی دو دن اور باقی ہیں۔خدا کرے یہ تین دن میری ساری زندگی پر حاوی ہو جائیں۔اے میرے خدا ایسا ہی کر دے۔

❁❁❁❁❁❁❁❁❁

کلونجی (BLACK SEED) کے فوائد

حضرت ابو ہریرہ رضی اللہ عنہ سے روایت ہے کہ آنحضرت ﷺ نے فرمایا کہ کالا دانہ (کلونجی) میں ہر بیماری کی شفا ہے مگر موت سے (نہیں)۔

(بخاری و مسلم (طب نبوی))

حضرت مسیح موعود علیہ السلام فرماتے ہیں کہ حدیث شریف میں آیا ہے کہ کلونجی ہر ایک بیماری کا علاج ہے سوائے موت کے۔اور اس کے نام ہی میں یہ تاثیر معلوم ہوتی ہے کہ الفاظ کلونجی مرکّب ہے''مَنْ اَکَلَ وَ نَجا ''یعنی جس نے کھایا نجات پائی۔کثرتِ استعمال اور دوسری زبانوں میں جانے سے کچھ حروف حذف ہو جاتے ہیں یا بدل جاتے ہیں یا زیادہ ہو جاتے ہیں۔

(علم طبّ مسیح موعود علیہ السلام صفحہ ۲۶)

ذیل میں قارئین کے فائدہ کے لئے حکیم جالینوس کے اقوال درج کئے جاتے ہیں:

☆ کلونجی نفخ اور ریاح کو ختم کرتی ہے۔پیٹ کے کیڑوں کو مارتی ہے۔

☆ جوش دے کر اس کا محلول سر پر ملنے سے نزلہ، زکام اور سر درد دور ہوتا ہے۔

☆ اسے اُبال کر پانی کسی شیشی میں ڈال لیں۔یہ پانی روزانہ چہرے پر لگانے سے چہرے کے تل، داغ دھبے دور ہو جاتے ہیں۔

☆ شہد میں ملا کر کھانے سے پتھری نکل جاتی ہے۔

☆ جن خواتین یا بچیوں کو حیض کی رکاوٹ ہو، بہت درد ہوتا ہو یا اسی قسم کی حیض کی تکالیف ہوں، وہ ایک چوتھائی چائے کا چمچہ کلونجی کے دانے لے کر ایک گھونٹ ابلتے ہوئے پانی میں رات کو بھگو دیں اور صبح نہار منہ یہ دانے چبالیں اور پانی کا گھونٹ بھی پی لیں۔اس کے آدھے گھنٹے بعد ناشتہ کریں۔چالیس دن روزانہ اس کا استعمال کریں۔

☆ جسم پر خشکی کی پپڑیاں جمی ہوں تو اس کے کھانے سے ختم ہو جاتی ہیں۔

☆ کلونجی کی ایک چٹکی صبح نہار منہ کھانے سے انسان بہت سی بیماریوں سے بچا رہتا ہے۔اور یہ ایک ایسی چیز ہے کہ انسان اسے تمام عمر کے لئے استعمال کر سکتا ہے۔اس کے فوائد ہی فوائد ہیں۔نقصان کوئی نہیں۔

النصرت 23

ہمارا جلسہ سالانہ (اہم ذمہ داریاں ۔ وقارِ عمل ۔ مہمان نوازی ۔ اجتماعی دعائیں)

نصیرہ نور صاحبہ ۔ لندن

کل جلسہ سالانہ شروع ہونے والا تھا اور وہ رات ہی سے سوچوں میں گم تھی کہ ہم اللہ کا جس قدر بھی شکر ادا کریں کم ہے، ہمارے دلوں کو ہدایت عطا فرمائی، اور یہی بات حضرت مسیح موعود علیہ السلام نے 27 دسمبر 1907 بروز جمعہ جلسہ سالانہ کے موقع پر فرمائی تھی کہ "باجود اس بات کے کہ ہزاروں مولوی ہندوستان اور پنجاب کے تکذیب میں لگے رہے اور ہمیں دجال اور کافر کہتے رہے لیکن آپ کو ہمارے سلسلہ میں داخل ہونے کا موقع دیا" یہ بھی خداتعالیٰ کا ایک معجزہ ہے کہ تکذیب وتکفیر کے باوجود ملاؤں اور مخالفوں کی دن رات کی سرتوڑ کوششوں کے یہ جماعت دن دوگنی رات چوگنی ترقی کر رہی ہے اور اس میں خداتعالیٰ کی حکمت یہی ہے کہ جسے خداتعالیٰ معبوث فرماتا ہے اس کا سلسلہ دن بدن ترقی پذیر ہوتا ہے اور مخالف حسرتوں کا شکار ہوتے ہیں۔

1891 میں پہلے جلسہ پر قادیان میں صرف 75 لوگ جمع ہوئے تھے اور اب دنیا کے ہر ملک میں جلسوں کے مواقع پر اتنے احمدی جمع ہوتے ہیں کہ صحیح تعداد کا اندازہ لگانا بعض اوقات مشکل نظر آتا ہے۔ اب تو ساری دنیا میں احمدیوں کی تعداد کروڑوں سے تجاوز کر چکی ہے۔

اگلے دن جب وہ جلسہ سالانہ کے گیٹ میں داخل ہوئی تو دیکھا کہ جلسہ سالانہ کی اہم ذمہ داریوں کو نبھانے والے کارکن اور کارکنات اپنے اپنے فرائض کو نبھانے میں مشغول تھے۔ وہ اپنے فرائض کی انجام دہی میں دیناومافیہا سے بے خبر تھے نہایت سادہ لباسوں میں ملبوس، آنکھوں سے یہ بات عیاں تھی کہ بہت دنوں سے زیادہ آرام نہیں کیا، بعضوں کے چہروں پر تھکن کے آثار لیکن یہ دیوانے چابکدستی سے اپنے کاموں میں مصروف تھے۔ مجال کیا کہیں بھی کوئی جھول نظر آئے۔

گاڑیوں کی پارکنگ سیکیورٹی کی قطاریں، خواتین، بچوں کی بگھیاں، پرامیں کچھ بے فکروں کے گروپ کچھ بزرگ خواتین سر جھکائے، زندگی کا بوجھ اٹھائے، درود شریف کا ورد کرتے ہوئے، جماعتی نظام کی پاسداری کرتے ہوئے اپنی باری کے انتظار میں قطاروں میں کھڑی نظر آئیں۔ دل حیران رہ گیا کہ خدایا یہ کونسی دنیا کی مخلوق ہیں کہ ہر حرکت اور ہر کام اس قدر نظم وضبط سے ہو رہا ہے۔ کھانے کے سٹالوں پر بھی قطاروں میں جمِ غفیر نظر آیا۔ کوڑا کرکٹ جمع کرنے والی ٹیمیں تندہی سے اپنے کاموں میں مصروف تھیں اور ماحول کو آلودگی سے بچانے کے لئے کوشاں تھیں۔

جلسہ سالانہ کے اندر ایک اور ہی سماں تھا سٹیج کے قریب، آگے پیچھے اور پورے جلسہ گاہ میں خواتین بیٹھی ہوئی تقریر سننے میں محو تھیں، روحانی مائدہ تقسیم ہو رہا تھا، یہ مردوں کی طرف سے پیارے امام جماعت کی تقریر نشر ہو رہی تھی، تقریر کا ہر ہر فقرہ سماعت کے تاروں میں سے گذر کر دلوں میں اتر رہا تھا۔ بادۂ عرفان کے جام تشنگانِ روحانیت میں مفت تقسیم ہو رہے تھے۔ خواتین میں اگر کوئی ہلکی سی بھی حرکت یا جنبش ہوتی تو خاموشی کے فرائض اجام دینے والی ٹیم حرکت میں آجاتی۔ ہر شعبہ کی کارکنات اور عہدےداران۔ خداتعالیٰ کی یہ لونڈیاں۔ شہد کی مکھیوں کیطرح اپنے اپنے کاموں میں مصروف نظر آئیں۔ دل خوشی سے جھوم اٹھا کہ آج روئے زمین پر اسلام اور اسکی اشاعت کا جذبہ اور درد رکھنے والی کوئی جماعت موجود ہے تو وہ جماعت احمدیہ ہے۔

ہمارا جلسہ سالانہ کوئی کھیل تماشہ یا میلہ نہیں ہے بلکہ اس کے نہایت اعلیٰ اغراض و مقاصد ہیں۔ اس جلسہ کی اہمیت بیان کرتے ہوئے بانی سلسلہ احمدیہ فرماتے ہیں، "جلسہ سالانہ میں شامل ہونے سے معرفت میں ترقی ہوگی اور جماعت کے تعلقات اخوت، استحکام پذیر ہونگے"۔

ہمارا جلسہ سالانہ اپنی آمد کے ساتھ بہت سی برکات لیکر آتا ہے اور شمع ہدایت کے پروانے اپنے آقا کے ہر فرمان پر دیوانہ وار نثار ہونے کو تیار رہتے ہیں۔ ہر احمدی قربانی اور ایثار کے جذبہ سے سرشار ہوتا ہے۔

جلسہ سالانہ کی آمد کے ساتھ ساتھ جماعت کے ہر ممبر پر بہت سی ذمہ داریاں عائد ہوجاتی ہیں جن میں وقارِ عمل اور مہمان نوازی بہت اہمیت کی حامل ہیں۔ وقارِ عمل اور مہمان نوازی کی مثالوں سے ہماری تاریخ کے اوراق سنہری ہیں اور باب روشن ہیں۔ ہمارے پیارے آقا ومطاع حضرت محمد رسول اللہ صلی اللہ علیہ وسلم کی مہمان نوازی کے حسین پہلوؤں سے متاثر بہتوں نے دینِ حق قبول کیا تھا۔ تاریخ اسلام ایسے واقعات سے بھری پڑی ہے۔ اور اس پر رسول خدا نے تاکیدی حکم ارشاد فرمایا ہے۔ آپؐ فرماتے ہیں "جو کوئی اللہ اور اسکے رسول پر ایمان لانے کا دعویدار ہے اُس پر لازم ہے کہ وہ اپنے مہمان کی عزت وتکریم کرے" (بخاری)

آنحضرتؐ کی ذات اقدس میں مہمان نوازی کا پہلو کمال تک پہنچا ہوا تھا۔ ہر رنگ اور ہر روپ میں نکھر کر سامنے آیا اور دوسروں کے لئے راہنمائی کا باعث بنا۔

سینکڑوں مثالیں ہیں کس کس کو یاد کروں۔ ایک رات خانۂ نبوت میں رات کے کھانے پر صرف تھوڑا سا بکری کا دودھ تھا کہ ایک مہمان آگیا وہ دودھ اس مہمان کی نذر کر دیا گیا اور رات فاقہ سے گذری حلانکہ اس سے پہلی رات بھی فاقہ ہی تھا۔ صحابہ میں سب سے مفلس اور نادار گروہ اصحاب صفہ کا تھا۔ وہ مسلمان کے مہمانوں کے مہمان عام ہوتے تھے۔ ان لوگوں نے دراصل اسلام کے عظیم الشان محل کی بنیادوں میں اپنی جانیں اپنے مال اپنا خون اپنی ہڈیاں اپنے جذبات اپنے احساسات غرضیکہ ہر جذبہ گارے اور اینٹ کی طرح استعمال کر کے دکھادیا۔ کسی بھی فرمان رسول کو سننے کے لئے صبح سے شام تک انتظار میں رہتے تھے کہ آپؐ کے دہنِ مبارک سے کوئی بات سنیں اور فوراً عمل پیرا ہو کر دکھادیں۔

لئے عزت اور پیار اور بھی زیادہ بڑھ گیا۔ اپنی ساری رعایا کا دل جیت لیا۔ جو بھی ایک بار اسے دیکھ لیتا اسی کا گرویدہ ہو کر رہ جاتا۔ یہ سب کچھ اسکے اپنے اخلاق کی وجہ سے تھا۔ یہاں تک کہ اسکے حسن اخلاق کا چرچا دور دور تک پھیل گیا۔ لوگ میل ہا میل کا سفر طے کر کے صرف اسے ایک نظر دیکھنے کے لئے آتے۔ ہر چھوٹا بڑا اسکا نام پیار اور عزت سے لیتا۔

اس طرح بادشاہ کے دن اپنی شہزادی کے ساتھ نہایت ہی ہنسی خوشی گزرنے لگے۔ اپنے گھر میں بھی سکون تھا۔ ملک میں بھی سکون تھا اور ملک سے باہر بھی اچھی شہرت ہوگئی جو کہ کامیابی کی ضامن ہے۔ شہزادہ کی اپنی عقلمندی نے گدڑی کا لعل تلاش کر لیا تھا۔ اس قسم کے واقعات دنیا میں کم ہی ہوتے ہیں۔ گریزلڈا میں وہ سب صفات موجود تھیں جو ایک عورت میں ہونی چاہئیں۔ وہ بوقت ضرورت لوگوں کے لئے سکھ کا باعث بنتی۔ یوں لگتا تھا کہ دنیا میں کوئی غم، کوئی دکھ اور کوئی ایسا مسئلہ نہیں جو یہ شہزادی حل نہ کر سکتی ہو اور یوں اپنی عقلمندی سے ہر ایک کے لئے راحت کا باعث بنی رہتی۔

جب شہزادہ کسی ملکی کام کی وجہ سے باہر جاتا تو حکومت کے سب کام خود ہی سنبھال لیتی۔ اگر کبھی ملک کے روساء میں یا عام لوگوں میں کوئی جھگڑا یا تنازعہ ہو جاتا تو بڑی ہی سیاست سے سب کی صلح کروا دیتی۔ صلح کرواتے وقت نہایت وجاہت مگر سادگی سے بولتی۔ فیصلہ ہمیشہ انصاف پر مبنی ہوتا اور بہت صاف الفاظ استعمال کرتی اس وقت لوگ یہ خیال کرتے کہ خدا تعالیٰ نے یہ حور شاید جنت سے زمین پر اتاری ہے تا وہ لوگوں کی اصلاح کر سکے۔

گریزلڈا کی شادی کو ابھی زیادہ دیر نہ ہوئی تھی کہ خدا تعالیٰ نے اسے ایک بیٹی عطا کی۔ گو بادشاہ اور رعایا کو بیٹے کی بہت امید تھی مگر سب ہی بیٹی کی پیدائش پر بہت خوش ہوئے۔ رعایا کو یہ خوشی تھی کہ بادشاہ کے اولاد تو ہوگئی اور اب اس امید پر تھے کہ خدا تعالیٰ ضرور جانشین بیٹا بھی عطا کر دے گا۔

جب بیٹی کچھ مہینوں کی ہوگئی تو ایک دن بادشاہ کے دل میں خیال آیا کہ اسے اپنی بیوی کے صبر اور وعدہ کو پرکھنا چاہیے اور یہ خواہش اسکے دل میں روز بروز زور پکڑتی گئی اور وہ بیوی کی آزمائش کے لئے بے قرار رہنے لگا حالانکہ اب بیوی کی آزمائش کر کے بیوی کو ڈرانے کی کوئی خاص ضرورت نہ تھی۔ کیونکہ وہ اسے چھوٹی چھوٹی باتوں پر پرکھتا چلا آرہا تھا اور وہ ہمیشہ ہی آزمائش پر پوری اترتی رہی۔ بادشاہ کے دل میں کڑی آزمائش کا انوکھا جذبہ خوامخواہ بیدار ہو رہا تھا۔ ایسی بے مثال بیوی کو آزمائش میں ڈال کر دکھ پہنچانا تو سراسر ظلم ہی تھا۔ بہر حال بادشاہ نے اپنی بیوی کو یوں آزمایا۔ ایک رات جب گریزلڈا سونے کے لئے اپنے بستر پر جا چکی تھی تو بادشاہ اس کے پاس آیا اور یوں مخاطب ہوا:

(باقی آئندہ)

خدا تعالیٰ کے مقابلہ میں سب تعلقات ہیچ سمجھو

حضرت امام جماعت ثانی فرماتے ہیں:۔

''سب سے اعلیٰ تعلق انسان سے خدا تعالیٰ کا ہے ماں باپ کا بہت بڑا تعلق ہوتا ہے لیکن خدا تعالیٰ کے تعلق کے مقابلہ میں وہ بھی ہیچ ہے۔ ایک ماں کا بچہ سے یہی تعلق ہوتا ہے کہ وہ اسے نو ماہ تک اپنے پیٹ میں رکھتی ہے اور جب بچہ پیدا ہوتا ہے تو اس کی خبر گیری کرتی ہے لیکن اللہ تعالیٰ کا تعلق اس سے بہت زیادہ ہے۔ خدا تعالیٰ نے انسان کو پیدا کیا ہے ماں نے پیدا نہیں کیا۔ پھر ماں جن چیزوں کے ذریعے بچہ کی پرورش کرتی ہے وہ خدا تعالیٰ ہی کی پیدا کی ہوتی ہیں ماں کی پیدا کردہ نہیں ہوتیں۔ کہتے ہیں ماں نے بچہ کو دودھ پلایا ہوتا ہے اس لئے اس کا بڑا حق ہوتا ہے مگر میں پوچھتا ہوں ماں کہاں سے دودھ پلاتی ہے کیا وہ خدا تعالیٰ کا پیدا کردہ نہیں ہوتا؟ پس اگر ماں نے بچہ کو دودھ پلایا ہے تو خدا تعالیٰ نے دودھ بنایا ہے۔ پھر ماں بچہ کو کھانا کھلاتی ہے مگر ماں کا اتنا ہی کام تھا کہ کھانا پکا کر کھلا دیتی۔ جب اس کا بچہ پر اتنا بڑا احسان ہے تو خدا تعالیٰ جس نے کھانا بنایا اس کا کس قدر احسان ہوگا؟ پھر بچہ جوان ہو کر ماں باپ کی خدمت کرتا ہے اور ان کو کھلاتا پلاتا ہے لیکن خدا تعالیٰ کو اس قسم کی کوئی احتیاج نہیں ہوتی۔ پھر ماں باپ کا تعلق مرنے سے ختم ہو جاتا ہے مگر خدا تعالیٰ کا تعلق مرنے کے بعد بھی جاری رہتا ہے۔ پس ماں باپ کا تو بچہ سے ایسا تعلق ہوتا ہے جیسے راہ چلتے مسافر کا تعلق اس درخت سے ہوتا ہے جس کے نیچے وہ تھوڑی دیر آرام کرتا ہے لیکن خدا تعالیٰ کا تعلق ایسا ہوتا ہے کہ جو کبھی ختم ہی نہیں ہوتا۔ تو خدا تعالیٰ کا انسان سے بہت بڑا اور عظیم الشان تعلق ہے مگر افسوس کہ لوگ دنیا کے رشتہ داروں کا تو خیال رکھتے ہیں لیکن خدا تعالیٰ کی کوئی پرواہ نہیں کرتے۔

عام طور پر عورتیں جھوٹ بول لیتی ہیں کہ ان کے مرد خوش ہو جائیں اور یہ خیال نہیں کرتیں کہ اللہ تعالیٰ کا ان سے جو تعلق ہے اس کو اس طرح کس قدر نقصان پہنچ جائے گا۔ اسی طرح دنیا کی محبت میں اس قدر منہمک ہو جاتی ہے۔

پھر کئی قسم کی رسمیں اور بدعتیں ہیں جن کے کرنے کے لئے عورتیں مردوں کو مجبور کرتی ہیں اور کہتی ہیں اگر اس طرح نہ کیا گیا تو باپ دادا کی ناک کٹ جائے گی گویا وہ باپ دادا کی رسموں کو چھوڑنا تو پسند نہیں کرتیں۔ کہتی ہیں اگر ہم نے رسمیں نہ کیں تو محلّہ والے نام رکھیں گے لیکن خدا تعالیٰ ان کا نام رکھے تو اس کی انہیں پرواہ نہیں ہوتی۔ محلّہ والوں کی انہیں بڑی فکر ہوتی ہے لیکن خدا تعالیٰ انہیں کافر اور فاسق قرار دے تو اس کا کچھ خیال نہیں ہوتا۔ کہتی ہیں یہ ورتارا ہے اسے ہم چھوڑ نہیں سکتیں حالانکہ قائم خدا تعالیٰ ہی کا ورتارا رہے گا باقی سب کچھ یہیں رہ جائے گا اور انسان اگلے جہان چلا جائے گا جہاں کے متعلق خدا تعالیٰ فرماتا ہے قیامت کا دن ایسا سخت اور خطرناک ہوگا کہ ہر ایک رشتہ دار رشتہ داروں کو چھوڑ کر الگ الگ اپنی فکر میں گرفتار ہوگا۔ پس عورتوں کو چاہئے کہ اس دن کی فکر کریں، سب سے ضروری بات یہ ہے کہ خدا تعالیٰ سے تعلق پیدا کرو اور اس تعلق کو مضبوط کرو جو قیامت میں تمہارے کام آئے گا۔ دنیا کے تعلق اور دنیا کی باتیں کچھ حقیقت نہیں رکھتیں۔ (الازھار لذوات الخمار صفحہ 34-35)

حاضر ہو جائے گا۔ یہ کہتے ہوئے وہ گھر کے اندر داخل ہوئی اور اپنے باپ کو شہزادہ کے پاس لے آئی۔ شہزادہ جینیکیو لا کا ہاتھ تھامے علیحدہ لے جا کر سنجیدگی سے مخاطب ہوا:

''میں اب اپنے دل کی خواہش کو زیادہ دیر چھپا نہیں سکتا۔ میں چاہتا ہوں کہ آپکی بیٹی کو اپنی دلہن بناؤں۔ اسے اپنی زندگی کا ساتھ بنانے کے لئے آپکی اجازت چاہتا ہوں۔

مجھے پورا یقین ہے کہ آپ مجھ سے بہت محبت کرتے ہیں اور میری وفادار رعایا میں سے ہیں۔ مجھے معلوم ہے کہ میری خوشی آپکی خوشی ہے مگر میں اس بارہ میں آپکی رائے معلوم کرنا چاہتا ہوں۔ فیصلہ میں آپکو پورا پورا اختیار ہے اگر آپ چاہیں تو مجھے اپنا داماد بنالیں اگر نہ چاہیں تو انکار کردیں۔''

جب بوڑھے نے یہ بات سنی تو اسکے چہرہ کا رنگ سرخ ہو گیا اور سراسیمگی کی حالت میں کانپنے لگا۔ ان الفاظ کے علاوہ اسکے منہ سے کچھ نہ نکل سکا:

''میرے آقا! آپکی پسند میری پسند ہے۔ دنیا میں کوئی ایسی چیز نہیں جسے آپ پسند فرمائیں اور میں ناپسند کردوں۔ آپ میرے بادشاہ ہیں۔ آپکا ہر فیصلہ آخری فیصلہ ہے۔''

شہزادہ نے کہا ''میرے خیال میں ہم تینوں اکٹھے بیٹھ کر اسکے متعلق آپس میں مشورہ اور فیصلہ کرلیں آپکو معلوم ہی ہوگا کہ میں ایسا کیوں کرنا چاہتا ہوں۔ اس طرح مجھے یہ بات یقیناً معلوم ہو جائے گی کہ آپکی بیٹی میری بیوی بننا پسند کرتی ہے یا نہیں؟ اور یہ کہ وہ میرے حکم کے تابع ہوگی۔ میں ہر بات آپکی موجودگی میں کروں گا۔''

جب یہ تینوں کمرہ میں باتیں کر رہے تھے تو باہر لوگوں کا ہجوم گریز لڈا کی تعریفیں کر رہا تھا کہ یہ لڑکی کس طرح اپنے باپ کی خدمت میں مصروف رہتی ہے۔ گریز لڈا پر ابھی تک سراسیمگی کا عالم تھا کیونکہ اسنے آج تک اتنا بڑا ہجوم اپنی آنکھوں سے نہ دیکھا تھا۔

اسکے علاوہ اتنے عظیم الشان مہمان کا اسکے گھر آنا ہی کچھ کم حیرت کا سبب نہ تھا۔ یہ اسکی زندگی کا پہلا تجربہ تھا جس نے اسے بالکل سراسیمہ کر دیا اور اسکی رنگت پیلی پڑ گئی۔ قصہ مختصر یہ کہ شہزادہ نے ان الفاظ میں گریز لڈا کے سامنے اپنی خواہش کا اظہار کیا:

گریز لڈا! آپ نے اب تک یہ اخذ کرلیا ہوگا کہ آپکے والد محترم کی اور میری یہ خواہش ہے کہ ہم دونوں کی شادی طے ہو جائے۔ مجھے امید ہے کہ آپ بھی رضامند ہونگی مگر اس سے پہلے میں آپ سے کچھ پوچھنا چاہتا ہوں۔ میں اس بات کو فوری طور پر طے کرنا چاہتا ہوں۔ کیا آپ مجھے ابھی جواب دے دیں گی یا سوچنے کے لئے کچھ وقت چاہتی ہیں؟

اسکے علاوہ میں ایک اور بات کی وضاحت کرنا چاہتا ہوں کہ میرے ساتھ شادی کرنے سے پہلے آپکو یہ وعدہ کرنا ہوگا کہ آپ میری خوشی کو ہر حالت میں مقدم رکھا کریں گی خواہ اسکی خاطر آپکو تکلیف ہی کیوں نہ اٹھانی پڑے اور ساری عمر اس وعدہ پر افسوس نہیں کریں گی اور یہ کہ جب بھی میں کسی معاملہ میں ''ہاں'' کہوں تو آپ کبھی بھولے سے بھی ''نہ'' نہیں کہیں گی۔ اور یہ انکار نہ کبھی انکار کی صورت میں ہوگا اور نہ کبھی چہرہ کے تاثرات سے ظاہر ہوگا۔ اگر آپکو میری یہ شرائط منظور ہیں تو میں ابھی نکاح کا اعلان کردونگا۔''

گریز لڈا نے شہزادہ کی یہ گفتگو سنی تو وہ خوف سے کانپنے لگی اور ہمت کر کے یوں گویا ہوئی: ''میرے آقا! میری حقیقت اور حیثیت تو یہ ہے کہ میں خود کو آپکے قابل نہیں سمجھتی مگر بہر حال جو آپکی مرضی ہے وہی میری مرضی ہوگی اور میں قسم کھا کر وعدہ کرتی ہوں کہ میں اپنی زندگی کی آخری سانس تک آپکی تابعداری کروں گی بلکہ آپکی خاطر جان بھی دینی پڑی تو بخوشی دے دوں گی۔''

گریز لڈا شائد ابھی کچھ اور بھی کہتی مگر شہزادے نے کہا: ''آپکے یہ الفاظ میرے لئے بہت کافی ہیں''۔ یہ کہتے ہوئے شہزادہ خوشی خوشی جھونپڑی سے باہر نکل آیا اور گریز لڈا اسکے پیچھے پیچھے ہولی۔ باہر لوگوں کا ہجوم انتظار میں تھا۔ شہزادہ لوگوں سے یوں مخاطب ہوا:

''اس وقت جو لڑکی میرے پہلو میں کھڑی ہے یہی میری ہونے والی بیوی ہے۔ میں اعلان کرتا ہوں کہ آپ میں سے جو شخص مجھ سے پیار کرتا ہے وہ میری بیوی کو بھی عزت اور پیار کی نگاہ سے دیکھے گا۔ اسکے علاوہ مجھے اور کچھ نہیں کہنا۔''

گریز لڈا اس وقت جس قسم کے غریبانہ لباس میں ملبوس تھی ان میں شاہی محل میں داخل ہونا زیب نہیں دیتا تھا۔ بادشاہ کے حکم سے کچھ عورتوں نے اسکا لباس سر سے پاؤں تک تبدیل کیا۔ اسکے کھلے ہوئے بالوں کو خوبصورت طریق پر اسے سجایا اور پھر سر پر تاج پہنایا گیا۔ وہ نئے لباس میں اس قدر خوبصورت لگ رہی تھی کہ اسے پہچاننا مشکل ہو گیا کہ یہ وہی لڑکی ہے۔

پھر شہزادہ نے انگوٹھی منگوائی اور فوراً ہی شادی کا اعلان کر دیا۔ دلہن کی سواری بادشاہ کے محل کی طرف روانہ ہوگئی۔ رعایا کی خوشی کا کوئی ٹھکانا نہیں تھا۔ سب لوگ دن ڈھلے تک خوشیاں مناتے اور دعوت اڑاتے رہے۔

قصہ مختصر یہ کہ یہ نئی نویلی دلہن شہزادی اپنی خوبصورتی اور شان میں ایسی بے مثال لگ رہی تھی کہ کوئی یہ کہہ نہیں سکتا تھا کہ اسکی پرورش ایک جھونپڑی میں ہوئی ہوگی۔ دیکھنے والوں کو لگتا تھا کہ اس نے ساری زندگی محلوں میں ہی گذاری ہے۔ جو لوگ بچپن سے لے کر جوانی تک اسے دیکھتے چلے آرہے تھے وہ بھی یقین نہیں کر سکتے تھے کہ یہ وہی جینیکیو لا کی بیٹی ہے۔ شہزادیوں جیسا وقار حسن اور اٹھنا بیٹھنا۔ لوگ وثوق سے کہہ سکتے تھے کہ کسی بادشاہ کی لڑکی ہے۔

نیکی میں تو وہ پہلے ہی بے مثال تھی مگر اس شاہانہ شان نے نیکی کو چار چاند لگا دیئے۔ نہایت ملائمت سے بولتی تھی جسکی وجہ سے لوگوں کے دلوں میں اسکے

رعایا نے یہ سب شرائط بخوشی منظور کرلیں اور کسی نے کوئی اعتراض نہ کیا مگر شہزادہ سے منت سماجت کی کہ اب اس معاملہ میں کسی قسم کی تاخیر نہ کریں اور فوراً ہی شادی کی تاریخ مقرر کرلیں۔ اصل میں لوگوں کا خیال تھا کہ شہزادہ درحقیقت شادی پر راضی نہیں محض وقتی وعدہ کر رہا ہے۔ اس پر شہزادہ نے تاریخ مقرر کردی اور کہا کہ وہ فلاں دن اپنی منتخبہ دلہن لوگوں کو دکھائے گا اور لوگوں کو یقین دلایا کہ وہ جو کچھ کہہ رہا ہے بالکل سچ ہے اور وہ اپنی رعایا کی نیک خواہشات کو ٹھکرانا پسند نہیں کرتا۔ لوگوں کے دل شہزادہ کی محبت اور فرمانبرداری سے بھر گئے۔ سب نے جھک کر باادب سلام کیا اور تہہ دل سے شکریہ ادا کیا۔ اپنے مقصد میں کامیابی حاصل کرکے خوشی خوشی اپنے اپنے گھر چلے گئے۔

شہزادہ نے اپنے وزیروں کو اعلیٰ پیمانے پر تیاریوں اور شاندار دعوت کا انتظام کرنے کا حکم دیا۔ سب افسر اپنے اپنے فرائض سرانجام دینے کے لئے نہایت دلچسپی اور تابعداری سے مصروف ہوگئے۔

شہزادہ کے محل سے کچھ دور جنگل میں ایک چھوٹا سا خوبصورت گاؤں آباد تھا جہاں غریب لوگوں نے اپنے لئے چھوٹی چھوٹی جھونپڑیاں بنائی ہوئی تھیں جہاں وہ خود رہتے اور اپنے مویشیوں کی دیکھ بھال کرتے تھے۔ محنت مزدوری اور کاشت کاری کرکے اپنی گزر اوقات کرتے تھے۔ آمدنی کا انحصار زمین کی زرخیزی پر تھا جس پر وہ بخوشی قناعت کرتے تھے۔

انہیں لوگوں میں ''جینیکیولا'' نامی ایک نیک بوڑھا آدمی رہتا تھا۔ وہ سب سے زیادہ غریب تھا۔ اسکی ایک نوجوان لڑکی تھی جسکا نام ''گریزلڈا'' تھا۔ یہ لڑکی باپ کے لئے ایک انمول موتی کی حیثیت رکھتی تھی۔ بے شمار خوبیوں کی مالک تھی۔ ظاہری خوبصورتی کے علاوہ یہ لڑکی نیک دل بھی تھی۔ اس کا خوبصورت چہرہ کسی سنگھار کا مرہون منت نہ تھا۔ سادگی کی یہ انتہا تھی کہ اکثر پانی ٹین کے ڈبہ میں ہی پی لیا کرتی۔ اسکا اصول تھا کہ محنت کرکے اپنا پیٹ پالنا فراغت سے ہزار درجہ بہتر ہے۔ ابھی کمسن ہی تھی مگر طبیعت میں ایسا ٹھہراؤ اور سنجیدگی تھی کہ سوچ میں اپنی عمر سے کہیں آگے تھی۔ بوڑھے باپ کی خدمت میں دن رات مصروف رہنے میں نہایت خوشی محسوس کرتی تھی۔ دن کے وقت بنائی کرتی یا اپنے باپ کی بھیڑ بکریاں چراتی۔ کبھی کسی نے اسکو سست یا بے وقت آرام کرتے نہیں دیکھا تھا۔ اسکا روزانہ کا معمول تھا کہ باہر کا کام کر کے جب گھر لوٹتی تو اپنے ساتھ بے شمار جڑی بوٹیاں لے آتی۔ فارغ وقت میں انکو کوٹ کر کھانے میں خوشبو کے طور پر استعمال کرتی۔ یہ کام ختم کرنے کے بعد اپنے باپ کا کام نہایت ادب اور خوشی سے سرانجام دیتی اور رات کو زمین پر اپنا بستر ڈال کر سو جاتی۔ (اسکے بستر کو کسی صورت میں بھی نرم نہیں کہا جاسکتا تھا) غرضیکہ یہ دوشیزہ اپنے ماں باپ کی آنکھوں کا تارا تھی۔ نہایت باادب، تابعدار اور بے مثال۔

شہزادہ جب کبھی شکار کی غرض سے گھوڑے پر سوار یہاں سے گزرتا تو اکثر اسکی نگاہ اس غریب نوجوان لڑکی گریزلڈا پر پڑتی۔ مگر اسکی یہ نظر سطحی اور عام نظر نہ تھی بلکہ اس نے ہمیشہ ہی اس لڑکی کو بڑی عزت کی نگاہ سے دیکھا تھا اور بعض اوقات تو لمبا عرصہ ٹکٹکی باندھے اس کی طرف دیکھتا رہتا۔ دل میں ہی شہزادہ اسکی نسوانیت اور اعلیٰ اخلاق کی تعریف کرتا۔ وہ حیران ہوتا کہ اس کم سنی میں اتنے بلند اخلاق۔ جو کہ ہر وقت اسکی شکل اور نقل و حرکت سے ظاہر ہوتے تھے۔ دنیا میں اکثر تو یوں ہوتا ہے کہ لوگ اخلاق کو بہت کم پرکھتے ہیں مگر شہزادہ اسکی چھپی ہوئی خوبی کو جان گیا اور اس نے دل میں تہیہ کرلیا کہ اگر زندگی میں کبھی اسے شادی کا خیال آیا تو صرف اور صرف اس لڑکی سے کرے گا۔

غرضیکہ شادی کا دن آ پہنچا مگر ابھی تک کسی کو معلوم نہ ہوسکا کہ دلہن کون ہے۔ لوگ حیران و پریشان تھے اور آپس میں چہ میگوئیاں کرتے تھے کہ آخر ہمارا بادشاہ کب تک جھوٹی آن میں رہے گا اور شادی نہیں کرے گا۔ اس طرح تو وہ نہ صرف ہمیں بلکہ اپنے آپ کو بھی دھوکہ دے رہا ہے۔

قصہ مختصر شہزادہ نے سناروں کو زیورات بنانے کا حکم دے دیا۔ انگوٹھیاں اور بروچ گریزلڈا کے لئے بننے لگے۔ کپڑے بنوانے کے لئے ایک لڑکی کا سائز دے دیا جو کہ جسامت کے لحاظ سے گریزلڈا جیسی تھی۔ غرضیکہ ہر وہ تیاری کی گئی جو شادی کے موقعہ کے لئے ضروری ہوتی ہے۔

یہ شادی کے دن کی صبح تھی سارا محل چمک رہا تھا۔ ہر کمرہ اور حال بڑے متنا سب طریقہ سے سجایا گیا تھا۔ سارے اٹلی کی نایاب چیزیں سجانے کے لئے مہیا کی گئی تھیں۔

شہزادہ نے ملک کے عام امراء اور روساء کو ''جشن شادی'' پر مدعو کیا ہوا تھا۔ بے شمار گانے بجانے والے بھی موجود تھے۔ اس طرح شہزادہ اس چھوٹے سے گاؤں میں داخل ہوا۔

گریزلڈا ان سب تیاریوں اور حالات سے بے خبر کوئیں سے پانی لانے کے لئے تیار تھی اور جلد واپس آنا چاہتی تھی۔ اس نے سن رکھا تھا کہ آج شہزادہ کی شادی ہے۔ چاہتی تھی کہ وہ بھی کچھ شادی کی گہما گہمی دیکھ لے۔ اس نے سوچا کہ وہ جلدی جلدی اپنا کام ختم کرکے اپنی سہیلیوں کے ساتھ اپنے دروازہ پر کھڑے ہوکر دلہن کو دیکھے گی۔ خیال یہی تھا کہ بارات محل جاتے ہوئے یہیں سے گزرے گی۔

مگر جونہی وہ دروازہ کھول کر باہر نکلی شہزادہ سامنے آگیا اور اس سے مخاطب ہوا۔ گریزلڈا نے فوراً پانی کا گھڑا نیچے بیل کی ناند کے پاس رکھ دیا اور گھٹنوں کے بل بیٹھ گئی۔ چہرہ پر کچھ پریشانی بھی عیاں تھی جو کہ شہزادہ کے خطاب کرنے تک قائم رہی۔

شہزادہ نے نہایت سنجیدگی کے ساتھ گریزلڈا سے پوچھا کہ اس کا باپ کہاں ہے؟ اسنے نہایت ادب اور عزت کے ساتھ جواب دیا کہ اسکا باپ حکم پاتے ہی

عہدِ وفا

پندرھویں صدی کے کلاسیکی ادب سے ایک کہانی

مصنف جیفری چوسر ترجمہ صالحہ صفی لندن پہلی قسط

بہت سال پہلے کا ذکر ہے کہ پرانے زمانے میں اٹلی کے مغربی ساحل کے ایک علاقہ سیلوز ر میں والٹر نامی ایک شہزادہ کی حکومت تھی۔اس شہزادہ کے آباؤ اجداد سالہا سال سے اس علاقہ پر حکومت کرتے چلے آرہے تھے اور رعایا انکی محبت کا دم بھرتی تھی۔یہ شہزادہ بھی اپنے ملک کے امیروں غریبوں میں یکساں مقبول تھا۔زندگی کے دن نہایت خوشگوار گزر رہے تھے۔شہزادہ کے رعایا میں محبوب ہونے کی وجہ اسکی اپنی بے شمار خوبیاں تھیں۔جوان، خوبصورت اور عقلمند ہونے کے علاوہ وہ نہایت خوش طبع اور اعلیٰ کردار کا مالک تھا مگر بہر حال انسان تھا اور خامیوں سے مبرا نہیں تھا! اس شہزادہ کی ایک خامی اس کہانی کا بہت بڑا عنصر ہے۔شہزادہ کی عادت تھی کہ مستقبل کی پرواہ کئے بغیر۔حال کو ہر دم ترجیح دیتا تھا۔شکار کا بے حد شوقین تھا۔فکر و غم کو کبھی پاس نہ پھٹکنے دیتا۔شادی کر کے اپنا گھر بسانے کا خیال کبھی بھولے سے بھی نہ آیا ہوگا۔اسکی رعایا کو اس بات کا دکھ تھا اور وہ چاہتے تھے کہ شہزادہ اپنا گھر بسائے۔دن یونہی گزرتے گئے اور ایک دن اسکی رعایا کے کچھ عقلمند اور بارسوخ لوگوں نے ایک وفد کی صورت میں اپنے بادشاہ کو شادی کے لئے راضی کرنے کی ترکیب سوچی۔جب یہ وفد شہزادہ کے پاس پہنچا تو ان میں سے ایک معتبر آدمی نے یوں عرض کی: پیارے آقا! میں اس وقت آپکی خدمت میں جو عرض کرنے والا ہوں وہ صرف میری اپنی ہی آرزو نہیں بلکہ پوری رعایا کی خواہش ہے۔آپ نے چونکہ ہمیشہ مجھ سے محبت کا سلوک روا رکھا ہے اس لئے میں ہی کہنے کی جرات کر رہا ہوں۔مجھے امید ہے کہ آپ میری درخواست پر ضرور غور فرمائیں گے اور پھر جو فیصلہ آپ بہتر سمجھیں کریں۔ہم سب اپنے دلوں میں آپکے لئے بے پناہ محبت رکھتے ہیں اور ہمیشہ سے ہی آپکی ہر خوشی ہماری خوشی رہی ہے۔اب ہمارے دلوں میں صرف ایک ہی خواہش باقی ہے جسکی تکمیل ہمیں وہ خوشی عطا کرے گی جو زندگی بھر حاصل نہیں ہوسکی۔ہم عرض کرتے ہیں کہ اب آپ اپنا گھر آباد کرلیں۔شادی وہ پاکیزہ بندھن ہے جس کو غلامی نہیں ہیں بلکہ حکومت کہا جاسکتا ہے۔آپ اس مسئلہ پر اچھی طرح غور کریں۔زندگی تیزی سے گزر رہی ہے۔وقت کی رفتار پر کسی کا زور نہیں چلتا۔جوانی کا خوبصورت وقت تو یونہی گزر جاتا ہے اور بڑھاپا دستک دیئے بغیر آن داخل ہوتا ہے اور موت تو ایک لازم چیز ہے جو جوان بوڑھے، اونچے نیچے، جاننے والے یا انجان کی تمیز کئے بغیر اچانک آن وارد ہوتی ہے۔ہم میں سے ہر ایک موت کی اٹل حقیقت کو جانتا ہے مگر موت کے وقت سے واقف نہیں۔اگر آپ ہمیں اجازت دیں تو ہم آپکے لئے ملک کی خوبصورت، خوب سیرت اور اعلیٰ حسب و نسب کی بے مثال لڑکی تلاش کرلائیں۔خدا تعالیٰ آپکو بلند اقبال کرے۔خدارا آپ ہمیں اس کشمکش سے نجات دلائیں۔ہمارے دل ہر وقت اس خیال سے غمگین رہتے ہیں کہ خدانہ کرے اس ملک میں آپکے خاندان کے علاوہ کسی اور کی حکومت ہو۔یہ بات یقیناً ہماری برداشت سے باہر ہوگی۔اس لئے ہم سب آپ سے عاجزانہ درخواست کرتے ہیں کہ آپ شادی کرلیں۔

رعایا کی گڑگڑاتی درخواست اور غمگین چہروں نے بادشاہ کا دل نرم کردیا اور وہ ان سے یوں مخاطب ہوا:

اے میری رعایا اور میرے ساتھیو! شادی ایک ایسا مسئلہ ہے جسکے متعلق میں نے آج تک غور نہیں کیا۔مجھے اپنی آزادی بے حد پیاری ہے۔''شادی اور آزادی'' دو متضاد چیزیں ہیں۔ایک کو حاصل کرو تو دوسری چھن جاتی ہے مگر جس ہمدردی اور نیک نیتی سے آپ لوگوں نے مجھے شادی کرنے کے لئے درخواست کی ہے وہ میں کسی صورت رد نہیں کرسکتا، اس لئے میں آپ لوگوں کی خوشی کی خاطر شادی کا وعدہ کرتا ہوں۔مگر جہاں تک دلہن ڈھونڈنے کا تعلق ہے آپ بے فکر ہوجائیں یہ کام میں خود سرانجام دوں گا۔

جہاں تک حسب و نسب کا تعلق ہے میں اس پر بالکل یقین نہیں رکھتا۔یہ بات ضروری نہیں کہ بچے ماں باپ کی طرح ہوں۔نیکی تو خدا تعالیٰ کی دین ہے یہ کسی کی میراث نہیں۔مجھے خدا تعالیٰ کی عنایت پر پورا یقین ہے۔میری شادی، میرے موجودہ حالات، میرا عہدہ اور فراخی رزق سب خدا تعالیٰ کے ہاتھ میں ہیں۔میں نے سب کچھ اس پر چھوڑ دیا ہے۔خدا جو بھی میرے لئے کرے گا میں اس پر ہر حال میں خوش رہوں گا۔

جیسا کہ میں نے پہلے بھی کہا تھا کہ میں دلہن خود منتخب کروں گا مگر آپ لوگوں کو میں اس بات کا حکم دیتا ہوں کہ آپ اپنی جانوں کی قسم کھا کر مجھ سے وعدہ کریں کہ جو دلہن میں اپنے لئے پسند کروں گا آپ لوگ اسے بخوشی قبول کرتے ہوئے اسکی مکمل تابعداری کریں گے۔اسے ساری زندگی عزت کی نگاہ سے دیکھیں گے۔کبھی ''قول'' یا ''فعل'' سے اسکا رتبہ کسی شہزادی سے کم نہیں سمجھیں گے۔ایک اور قسم آپ لوگوں سے یہ لیتا ہوں کہ آپ میرے انتخاب پر کبھی بھی برے رنگ میں تبصرہ نہیں کریں گے۔میں سمجھتا ہوں کہ بیوی کے انتخاب میں مجھے پوری آزادی ہونی چاہئے۔یہ وعدہ لینے کے بعد میں آپ لوگوں سے آخری بار کہتا ہوں کہ اس معاملہ کو اب صرف مجھ پر چھوڑ دیں اور کسی سے ذکر تک نہ کریں۔

18 النصرت

روحانیت کی برکتوں میں تبدیل کردیں اور ہر گھر میں راحت و مسرت کی پاکیزہ شمع فروزاں ہوجائے۔

برطانیہ کی لجنہ اماء اللہ تو بہت خوش نصیب ہے جو خصوصی طور پر خلافت عظمیٰ کے مقدس و مبارک سایہ کے نیچے کام کررہی ہے ہر لحہ خلیفہ وقت کی راہنمائی سے فیضیاب ہے۔ اللہ تعالیٰ ہمیں اس مادی دنیا کے اندھیروں میں روحانی نور کے دیپ جلانے کی توفیق عطا فرمائے۔ ہمارا مقصد حیات اپنے اعلیٰ اخلاق اور شیرینئ کلام سے اسلام واحمدیت کی نورانی تعلیم سے دوسروں کے دِلوں کو نورِ ہدایت سے آشنا کرنا ہو اور۔ اُن دلوں کو فتح کرنے کے لئے محبت، نرمی، پاکیزہ کلام اور خلوصِ دل سے مانگی ہوئی دُعاؤں کی ضرورت ہے۔ یہ وہ ہتھیار ہیں جو اس دور میں سچائی کے پرچار کیلئے معاون و مددگار ہیں۔ اسلام محبت اور سلامتی کا مذہب ہے اور دوسروں کے دِلوں تک رسائی حاصل کرنے کیلئے خلوص اور محبت سے بڑھ کر کوئی ہتھیار نہیں۔ محبت میں ایک قدرتی کشش اور جاذبیت ہے اور محبت قرب کے راستے پیدا کرتی ہے۔ جبکہ ضِد سختی اور بے رُخی دُوری پیدا کرتی ہے۔ نرم اور شائستہ لب ولہجہ بات کو سننے کی ترغیب دیتا ہے اور محبت ہی تبلیغ و تربیت کا پہلا زینہ ہے۔

حضرت خلیفۃ المسیح الخامس ایدہ اللہ تعالیٰ بنصرہ العزیز نے ایک خطبہ جمعہ میں ارشاد فرمایا کہ ''تلخ گفتگو سے اجتناب کریں باہمی گفتگو میں دھیما پن اور وقار قائم رکھیں۔'' حضرت خلیفۃ المسیح رحمہ اللہ نے بھی یہی فرمایا کہ ''نرم کلامی، ادب واحترام کے ساتھ ایک دوسرے سے سلوک کرنا ضروری ہے'' اسکے علاوہ حضرت خلیفۃ المسیح الثالث رحمہ اللہ کا پیارا ارشاد بھی ہمیشہ یاد رکھنے کے لائق ہے کہ ''محبت سب کیلئے، نفرت کسی سے نہیں''۔ اور بلاشبہ یہ طے شدہ حقیقت ہے کہ میٹھے بول میں جادُو ہے اور محبت، ہی فاتح عالم ہے۔ دلوں کو محبت اور سچائی سے ہی فتح کیا جا سکتا ہے دعا ہے کہ اللہ تعالیٰ ہمیں حضرت مسیح موعود علیہ السلام کی جماعت کی پاکباز اور باعمل لونڈیاں بنکر خدمتِ دین کی توفیق عطا فرمائے اور حضرت مصلح موعودؓ کی تمام توقعات کو پورا کرنے کی ہمت، عزم اور طاقت نصیب ہو نیز عالی حوصلگی اور اخلاقِ اعلیٰ کا نور نصیب ہو اور تمام کاموں میں برکت ہو۔ آمین۔

دے ہم کو یہ توفیق کہ ہم جان لڑا کر
اسلام کے سر پر سے کریں دُور بلائیں
پھر ناف میں دنیا کی تیرا گاڑ دیں نیزہ
پھر پرچم اسلام کو عالم میں اُڑائیں

(از کلام محمود)

ایسا کبھی ممکن بھی ہے

کلام صاحبزادی امتہ القدوس صاحبہ

کاش اب تو زندگی میں ابتلاء کوئی نہ ہو
آزمائش کا کٹھن اب مرحلہ کوئی نہ ہو
چاہتا ہے دل مرا کہ پر سکوں ہو زندگی
رنج و غم یا س و الم میں مبتلاء کوئی نہ ہو
رقص فرما ہوں بہاریں گلستاں میں چار سُو
سب ہوں آسودہ گرفتارِ بلا کوئی نہ ہو
راستے ہموار ہوں اور منزلیں آسان ہوں
الجھنیں، پیچیدہ فکریں، مسئلہ کوئی نہ ہو
سوچتی ہوں میں کہ ایسا کبھی ممکن بھی ہے
زندگی بھر پور ہو اس میں خلا کوئی نہ ہو
ہو پرکھ اہل وفا کی کس طرح سے پھر اگر
راہ ہستی میں جو دشت کر بلا کوئی نہ ہو
آؤ دیوانوں کی اک بستی بسائیں ہم جہاں
سب گریباں چاک ہوں، دامن سِلا کوئی نہ ہو
میں تو کٹھ پتلی ہوں جو بھی اُس نے چاہا ہوگیا
کیا کروں گر اختیارِ فیصلہ کوئی نہ ہو

ہنستے بستے گھر کا نسخہ

چار چچ محبت، پانچ چچ امید کی کرنیں، دو پیالیاں وفاداریاں، دو چچ نرمی تین گلاس معافی و درگزر، چار حصے اعتماد، ایک کپ دوستی، کچھ قہقہے اور مسکراہٹیں وغیرہ وغیرہ

ترکیب: محبت اور وفاداری کو اعتماد کے ساتھ اچھی طرح مکس کرلیں۔ پھر اس میں نرمی و شفقت مہربانی اور سمجھوتے کا مکسچر ملا دیں۔ اس کے بعد جذبہ دوستی اور امید کی کرنیں شامل کرلیں۔ ساتھ ہی قہقہوں اور مسکراہٹوں کے موتی اس میں اچھی طرح جذب کرلیں۔ تیار شدہ محلول کو خوشیوں کے چاند کی ٹھنڈک میں رکھ دیں۔ اسکے بعد چمکتے سورج کی روشنی میں اسکو پکائیں۔ پھر ٹھنڈا کرنے کیلئے فیاضی اور مدد کی ڈشوں میں ڈال کر سکون کے دریچے میں رکھ دیں۔

سجاوٹ کیلئے اوپر دعا کے موتی بکھیر دیں۔ جس گھر میں یہ ڈش تیار ہو، اللہ اُسے برکتوں سے نوازے۔ اب استعمال فرمائیں۔ دیکھیں استعمال کے بعد ہر ساس، بہو، نند، بھاوج، سسر، دیور، جیٹھ، بہن، بھائی، جھینپتے ہوئے یہی کہیں گے۔

''ارے یہ راز کی بات پہلے کیوں نہیں بتائی''

اسلام کی پاکیزہ تعلیمات سے روشناس ہوکر اپنے دلوں کو منور کر رہے ہیں اس طرح تحریک جدید اور وقفِ جدید کی تحریکات میں خواتین نے بڑھ چڑھ کر حصہ لیا۔

شعبہ صنعت و دستکاری

اس شعبہ کے تحت خواتین اور بچیوں کو دستکاری کے مختلف ہنر سکھائے جاتے ہیں۔اور عمدہ چیزیں ہاتھوں سے تیار کر کے نمائشوں کا انعقاد کیا جاتا ہے۔اس طرح دو قسم کے فوائد حاصل ہوتے ہیں۔ایک تو خواتین ہنر سیکھ کر اپنی مدد آپ کے تحت کسی کی محتاج نہیں رہتیں۔اور خود ہاتھ سے کام کر کے اپنی ضروریات کے لئے رقم حاصل کر سکتی ہیں۔دوسرا جب نمائشوں میں ہاتھ کے ہنر کی چیزیں رکھی جائیں تو مہنگے داموں لوگ خرید لیتے اس طرح لجنہ کو منافع کی صورت میں خدمتِ خلق کے مواقع بھی حاصل ہوئے اور دیگر جماعتی ضروریات میں بھی پیسہ کام آتا ہے۔

شعبہ تجنید

اس شعبہ کے تحت ملک میں تمام احمدی خواتین کے نام اور کوائف کا ریکارڈ رکھا جاتا ہے اور سیکرٹری تجنید ہر سال رپورٹ تیار کرتی ہے۔کہ کل تعداد کتنی ہے:کتنی ناصرات نے لجنہ میں شمولیت کی اور کتنی نئی برانچز بنائی گئیں کیونکہ ہر وہ جگہ جہاں تین عدد لجنہ موجود ہیں اُنہیں اپنی تعلیمی اور دیگر جماعتی معلومات کے لئے ایک تنظیم کی ضرورت ہے لہٰذا وہاں ایک برانچ کا انعقاد ضروری ہوتا ہے۔

شعبہ ضیافت

اسلامی اقدار میں مہمان نوازی کے عمدہ معیار کو بہت اہمیت حاصل ہے لہٰذا جماعتی طور پر جو پروگرام مرتب کئے جاتے ہیں۔انکے لئے ضیافت کا شعبہ یہ فرائض سرانجام دیتا ہے۔صدر صاحبہ لجنہ کے زیرِ ہدایت اخراجات کے مطابق سارا انتظام کیا جاتا ہے اور موقع کی مناسبت سے چائے،کھانے کا انتظام ہوتا ہے۔

شعبہ صحت جسمانی

اس شعبہ کی سیکرٹری خواتین کو آگاہی فراہم کرتی ہے کہ وہ کس طرح ایک صحت منداور فعال زندگی گزاریں۔صحت وصفائی کا چولی دامن کا ساتھ۔سادہ تازہ خوراک اور ورزش کی اہمیت سمجھائی جاتی ہے۔مختلف قسم کی کھیلوں اور ورزش کے پروگرام ترتیب دیئے جاتے ہیں۔مختلف کھیلوں کے پروگرام لوکل،ریجنل اور نیشنل لیول پر منعقد کئے جاتے ہیں۔نیز مجالس میں اچھی صحت کے اصولوں پر لیکچر بھی دیئے جاتے ہیں۔

ناصرات

لجنہ کی طرح ناصرات (بچیوں) کی تعلیم وتربیت اور صحت جسمانی کے بھی باقاعدہ اور منظم پروگرام ہیں۔اُنکی تعلیم و تربیت میں آسانی پیدا کرنے کے لئے اُنہیں عُمر کے لحاظ سے تین گروپس میں تقسیم کیا گیا ہے۔7 سال سے 10 سال تک 11 سال سے تیرہ سال تک اور پھر 14 سے 15 سال۔باقاعدہ کلاسیز اور امتحانات کے ذریعہ چندہ جات کی اہمیت اور عبادات کے فرائض اور اعلیٰ اخلاق کی تربیت دی جاتی ہے۔

اب اللہ تعالیٰ کے فضل واحسان سے اور حضرت مصلح موعود رضی اللہ عنہٗ کے پاکیزہ جذبوں اور دعاؤں کی بدولت تنظیم لجنہ اماءاللہ دنیا کے ہر ملک میں اور اُسکی برانچ ہر چھوٹے بڑے شہر میں موجود ہے جو اعلیٰ اخلاق و کردار اور اسلامی تعلیمات وروایات کی علمبردار ہے۔اس تنظیم کے تحت نہ صرف مذہبی پروگرام مرتب کئے جاتے ہیں بلکہ معاشرتی اور سوشل چیریٹی کے پروگرام کر کے بنی نوع انسان کی خدمت کی جاتی ہے یتامیٰ کے سر پر ہاتھ رکھا جاتا ہے غریب بچیوں کی شادیوں کا انتظام بھی کیا جاتا ہے۔

لیکن یہ سب کام بے لوث جذبوں کے مرہونِ منت ہوتے ہیں اور ان مقاصد کی بجا آوری کیلئے اہلِ دِل فِدائی مطلوب ہوتے ہیں جو ایک اشارے پہ قربان ہونے کو تیار ہوں۔

خود حضرت مصلح موعودؓ نے فرمایا۔

عاقل کا یہاں پر کام نہیں وہ لاکھوں بھی بے فائدہ ہیں
مقصود میرا پورا ہو اگر مل جائیں مجھے دیوانے دو
جب سونا آگ میں پڑتا ہے تو کندن بن کے نکلتا ہے
پھر گالیوں سے کیوں ڈرتے ہو دل جلتے ہیں جل جانے دو

آج اگر ہم دنیا میں کوئی روحانی تبدیلی پیدا کرنا چاہتے ہیں تو جہاں پُرعزم آہنی ارادہ درکار ہے وہاں خود اپنے اعلیٰ اخلاق،بلند کردار کی عظمت اور محبت کی دل آویز حلاوت کو ساتھ لے کر چلنا ہوگا۔ایمان کی راہوں کا یہی زادِراہ ہے کہ عظمتِ کردار عظمت اخلاق اور عظمت گفتار کو ساتھ لے کر چلیں۔آج کا دور یقیناً اصلاح کا متقاضی ہے۔مگر۔ہم اُس وقت تک دوسروں کی اصلاح کی طرف کوئی قدم نہیں اُٹھا سکتے۔جب تک ہم خود اپنی شخصیت اور اخلاق و کردار کو اس قدر پُرکشش نہ بنالیں کہ لوگ ہماری بات کو سُنیں اور سُنکر اُسے یاد رکھیں اور پھر اپنے اخلاق و کردار کی عظمت اور حُسن کو ہمارے کردار اور شخصیت جیسا بنانے میں فخر محسوس کریں اور یہ تب ہوگا جب ہمارا قول اور فعل ایک ہوگا۔جب لوگ ہماری باتیں سُنکر ہمارے عمل کو بھی ویسا ہی پائیں گے تو خود بخود ہمارے گرویدہ ہوجائیں گے کہ واقعی یہ وقت کے امام کے پیروکار باعمل لوگ ہیں۔اور سچی جماعت سے تعلق رکھتے ہیں۔اگر چہ نیکی کی بات کہنا اور نیکی کی تعلیم دینا ایک خوبی ہے۔لیکن نیک عمل کر کے دکھانا صحیح راستبازی ہے اور اسی کا دوسروں پر صحیح اثر ہوتا ہے۔اپنی پاکیزہ مثالوں سے ہی ہم دلوں میں پاکیزہ انقلاب پیدا کر سکتے ہیں ایسی مثالیں جو نفوس کی نجاست کو

مرتب کرتا ہے۔

اسلام کے چشمہ سے سیراب کرنے کا عزم لئے یہ شعبہ دن رات کوشش میں معروف ہے۔ اسلامی لٹریچر کی فراہمی، حضرت مسیح موعود علیہ السلام کی پاکیزہ تعلیمات کا درس و تدریس اور قرآن کریم کے مقامی علاقوں کی زبانوں میں تراجم کا نور ہر دل میں پہنچانے کو کوشش میں ہمہ تن مصروف ہے۔ نیز ہر مُلک میں جہاں اسلام احمدیت کے مشن موجود ہیں وہاں کے سربراہوں تک اسلام کا پیارا پیغام پہنچایا جاتا ہے اور روابط بڑھائے جاتے ہیں۔

شعبہ تعلیم

اس شعبہ کے ذریعہ قرآن کریم اور حدیث کا علم سکھایا جاتا ہے۔ قرآن کریم ناظرہ اور ترجمہ کا انتظام کیا جاتا ہے۔ نماز سادہ اور ترجمہ کے ساتھ نماز کی ادائیگی کے صحیح آداب سے آگاہ کیا جاتا ہے۔ نیز سنتِ رسولؐ کی پیروی کی اہمیت و برکات کو واضح کیا جاتا ہے اور حضرت مسیح موعود علیہ السلام کی پاکیزہ تعلیمات آپکی کتب کی روشنی میں بیان کرنے کی کوشش کی جاتی ہے۔

سالانہ تعلیمی سلیبس تیار کیا جاتا ہے اور پھر بذریعہ امتحان خواتین کی تعلیمی قابلیت کا جائزہ لیا جاتا ہے اور پھر اس سے بہتر پروگرام مرتب کئے جاتے ہیں اس طرح بہ طریق احسن خواتین دینی علوم اور دیگر اعلیٰ معلومات سے فیض یاب ہوسکتی ہیں اور اپنی زندگیوں کو بہتر بناسکتی ہیں۔

شعبہ تربیت

اس شعبہ کے تحت تربیت نفس اور تمام اعلیٰ اسلامی اقدار و اعلیٰ اخلاق کی پاسداری و اہمیت سمجھائی جاتی ہے نیز ہر قسم کی غیر اسلامی رسومات و بدعات و مکروھات سے پرہیز کی تعلیم دی جاتی ہے تاکہ اسلام کے پاکیزہ چہرہ پر کوئی بدنما داغ نہ لگے۔ ہر اچھی بات کا حکم دیا جاتا ہے اور ہر بُری بات کو بیزار ہوکر چھوڑنے کی ہدایت دی جاتی ہے۔

پردہ کی پاکیزگی اور اہمیت پر زور دیا جاتا ہے۔ تربیت اولاد پر مختلف پروگرام بنا کر واضع کرنے کی کوشش کی جاتی ہے کہ عبادات و اعلیٰ اخلاق سے آراستہ زندگی ہی ایک احمدی مسلمان عورت کی پہچان ہے اور نیک اولاد سب سے بڑا سرمایہ ہے جس کی تربیت ماں کے ذمہ ہے۔

شعبہ اشاعت

اشاعتِ دین کا علمبردار یہ شعبہ کتب دینی، اخبار ورسائل کو شائع کرکے تمام دنیا میں اسلام کا پرچار کرتا ہے۔ قرآن کریم کے مختلف زبانوں میں تراجم اور حضرت مسیح موعود علیہ السلام کی کتب کا انگریزی اور دیگر زبانوں میں ترجمہ کرکے اسلام واحمدیت کی خدمت کرتا ہے نیز لجنہ کی اعلیٰ کارکردگی کی رپورٹیں بھی شائع ہوتی ہیں۔

اسی شعبہ میں ایم۔ٹی۔اے کا عالمی نظام تربیت بھی ایک چشمۂ معرفت کی طرح ہر گھر کو فیضیاب کررہا اور اس میں لجنہ اماء اللہ نے بھی اللہ کے فضل وکرم سے اپنی گرانقدر خدمات کی ادائیگی کی توفیق پائی اور پروگراموں کی ترتیب وپیشکش میں اپنے وقت اور صلاحیتوں کو اس عظیم مقصد کے لئے خرچ کیا۔ حضور انور کے خطبات اور دیگر پروگراموں کے مختلف زبانوں میں تراجم کرنے کی توفیق بھی حاصل کی نیز حضرت رسول کریم صلی اللہ علیہ وسلم کی حیات اطہر اور اسلام کی بنیادی تعلیمات پر مبنی ایک C.D. بھی تیار کی جو تین حصوں پر مبنی ہے اور ناصرات ولجنہ میں بہت مقبول ہوئی۔

شعبہ خدمت خلق

یہ شعبہ خدمت انسانی کا نمائندہ ہے اور ہر قسم کی انسانی فلاح و بہبود میں مددگار ہے غرباء اور بیمار لوگوں کی مدد کرتا ہے غریب طالب علموں کی مدد اور غریب لڑکیوں کی شادی وجہیز کے انتظامات میں معاون و مددگار رہتا ہے۔ کسی بھی قسم کا ایسا کام جو غربت، بڑھاپے یا بیماری کے باعث کوئی شخص نہ کرسکتا ہو۔ اُس کا ہاتھ بٹانے اور مدد کرنے کے لئے تیار رہتا ہے نیز مالی معاونت کی سعادت بھی پاتا ہے۔ مختلف خیراتی اداروں کے ذریعہ بھی بہت سے کام ہورہے ہیں۔ حضور انور نے افریقہ میں غریب لوگوں کے علاج اور خصوصی طور پر آنکھوں کے آپریشن اور دیگر مقامی بیماریوں کے علاج کے لئے ڈاکٹر صاحبان کو مختلف قسم کے کیمپ لگا کر وقفِ عارضی کے طور پر خدمات پیش کرنے کی تحریک فرمائی اور بہت سارے ڈاکٹر خدا کے فضل سے اس اہم فریضے کو ادا کرنے کی سعادت حاصل کررہے ہیں اور مُفت علاج کرکے انسانیت کی خدمت کا اہم فریضہ ادا کررہے ہیں۔ Humanity First، تمام دنیا میں آفات اور بیماریوں میں ان کی مدد کے لئے مالی خدمات کے علاوہ خوراک ولباس اور علاج کی سہولیات مہیا کرنے کی ہر ممکن کوشش کی سعادت پاتی ہے۔ الحمدللہ۔

شعبہ مال

دین کے مقاصدِ عالی کی تکمیل کے لئے یہ شعبہ ریڑھ کی ہڈی کی حیثیت رکھتا ہے۔ پاکیزہ مال کی قربانی کے بغیر دین مکمل نہیں ہوتا اور مالی قربانی و دیگر چندہ جات کو یہ شعبہ منظّم کرتا ہے اور باقاعدہ ریکارڈ رکھا جاتا ہے۔ تمام انکم کا سالانہ بجٹ تیار کیا جاتا ہے اور ہر سال کے آخر میں تمام جمع وخرچ کی تفصیلی رپورٹ تیار کرکے شائع کی جاتی ہے۔ اور اسی پاک مال سے اشاعت دین کا کام ہوتا ہے۔ دینی کتب کی اشاعت قرآن کریم کے تراجم مساجد کی تعمیر سکول وہسپتالوں کا قیام اور انسانیت کی خدمت و بہبود کا کام ہوتا ہے۔ اور یہ سلسلہ تقریباً تمام دنیا میں پھیلا ہوا ہے۔ افریقہ کے غریب لوگ خصوصی طور پر اِن سہولیات سے فیض یاب ہورہے ہیں اور

تنظیم لجنہ اماء اللہ کے مقاصد

حضرت مصلح موعود رضی اللہ تعالیٰ عنہ کی فراستِ خداداد نے اس امر کو بخوبی بھانپ لیا کہ خواتین کی تعلیم و ترقی کے بغیر قوم کی ترقی ناممکن ہے اور خواتین کی بیدار مغزی و اعلیٰ تعلیم و تربیت ملک و قوم کی ترقی میں اہم کردار ادا کر سکتی ہے۔ کیونکہ عورت ہی ایک کنبہ اور خاندان کی روحِ رواں ہوتی ہے اور اسکی آغوش میں نئی نسلیں پرورش پاتی ہیں.... اور پروان چڑھتی ہیں۔ اسلئے اگر ایک خاتون دین و دنیا کے علوم سے بہرہ ور ہوگی تو اپنی خاندانی ذمہ داریوں کو بطریقِ احسن نبھا سکے گی بہ نسبت ایک اَن پڑھ خاتون کے۔ آپ نے فرمایا ''پچاس فیصد عورتوں کی اصلاح ہو جائے تو قوم کی اصلاح ہو سکتی ہے''

اور عورتوں کی تعلیم کی غیر معمولی اہمیت کے پیشِ نظر آغاز خلافت سے ہی حضور نے خود عورتوں میں درس قرآن کا سلسلہ شروع کیا اور ایک لمبا عرصہ یہ سلسلہ جاری رہا آپؓ نے توجہ دلائی کہ عورتوں کو قرآن مجید اور احادیث و سُنت کا باقاعدہ علم حاصل کرنا چاہیئے۔

کیونکہ قرآن کریم ایک مکمل ضابطۂ حیات کو تشکیل دیتا ھے اور زندگی کے تمام پہلوؤں پر بہترین رنگ میں روشنی ڈالتا ھے لہٰذا مکمل زندگی کو قرآن کریم کی ہدایات پر قائم کر کے ہم بہترین زندگی گزار سکتے ہیں۔ اور اس طرح ایک عورت کی صحیح تعلیم و تربیت ایک مکمل خاندان کی تربیت کی ضامن ھے حضرت سیّدہ اماں جان کی زندہ مثال ہمارے سامنے موجود ھے کہ کس طرح اُنہوں نے اپنے بچوں کی تربیت کی کہ ہر ایک خدا کے فضل سے کامیاب و بامراد رہا۔

بچے کا اولّین مدرسہ اُسکی ماں کی گود ہے جہاں ابتدائی اخلاق و کردار کی تعمیر کا آغاز ہوتا ہے اور ماں کی چھوٹی چھوٹی کہانیاں میٹھی میٹھی پاکیزہ باتیں اُسکی شخصیت اور کردار کیلئے بنیادی اینٹ کی حیثیت رکھتی ہیں۔ جس پر اُسکے پورے کردار کی عمارت تشکیل پاتی ہے۔ باپ اگرچہ گھر کا سربراہ ہے لیکن کنبہ کی کفالت کے سلسلہ میں دن کا اکثر حصّہ وہ محنت و مشقت میں گھر سے باہر گزارتا ہے اسی وجہ سے بچے کی تربیت میں ماں کی ذمہ داری زیادہ بڑھ جاتی ہے۔ اور اسی عظیم ذمہ داری کو بہترین رنگ میں ادا کرنے پر ماں کے قدموں میں جنت کی بشارت دی گئی۔

ان تمام مقاصد کو پیشِ نظر رکھتے ہوئے حضرت مصلح موعودؓ نے لجنہ اماء اللہ کی تنظیم کا باقاعدہ اجراء فرمایا اور حضرت امّاں جان کی بابرکت قیادت و صدارت میں سیّدہ امتہ الحیٔ صاحبہ کو جو حضرت خلیفہ اول مولوی حکیم نورالدینؓ کی دُخترِ عزیز تھیں پہلی سیکرٹری لجنہ اماء اللہ مقرر فرمایا پھر دوسری صدر حضرت اُمِ ناصر بنیں اور پھر حضرت چھوٹی آپا نے اس مقدس فریضے کو لمبا عرصہ بہ طریق احسن نبھایا اور اسی طرح یہ بابرکت سلسلہ آگے سے آگے بڑھتا گیا۔ حضرت مصلح موعودؓ نے ایک عہد بھی تحریر فرمایا جو لجنہ اماء اللہ کے اجلاس میں دہرایا جاتا ہے۔ اور لجنہ کو اپنی ذمہ داریوں کے تقدس کا اعادہ و یاددھانی کرواتا ہے۔

''میں اقرار کرتی ہوں کہ اپنے مذہب اور قوم کی خاطر اپنی جان، مال، وقت اور اولاد کو قربان کرنے کے لئے ہر دم تیار رہوں گی، نیز سچائی پر ہمیشہ قائم رہوں گی اور خلافتِ احمدیہ کو قائم رکھنے کے لئے ہر قربانی کے لئے تیار رہوں گی۔

اس طرح آپ نے خواتین کی ایک ایسی فوج تیار کر دی جو اخلاقی و روحانی برائیوں کے خلاف جہاد کریں اور نیکیوں کو پھیلائیں یہ عظیم ذمہ داری ''امر بالمعروف و نہی عَنِ المنکر'' کے خُدائی حُکم کے عین مطابق تھی جس کا باضابطہ طور پر آپ نے آغاز فرمایا اور قرآن کریم کی تعلیمات کے زیرِ ہدایت ایسے مُفید پروگرام مرتب فرمائے جو زندگی کے تمام پہلوؤں کی ترقی و بہتری کیلئے معاون و مددگار تھے اور اس مقصد کیلئے مختلف شعبہ جات کو تشکیل فرمایا یعنی باحیا اور باپردہ فوجی دستے جن کے سینوں میں نورِ ایمان اور ہاتھ میں قرآن تھا حُکم دیا کہ جاؤ دنیا کو نورِ ایمان کی شمع سے منّور کر دو اور پہلی شمع اپنے گھر میں جلانا تا کہ دیپ سے دیپ جلتا جائے اور زمین اسلام کی پاکیزہ کرنوں سے بُقعۂ نور بن جائے۔ اور ساتھ ہی فرمادیا کہ اس عظیم ذمہ داری کو بوجھ نہیں بلکہ اللہ کی رحمت اور فضل سمجھنا کہ یہ عظیم سعادت تمہارے نصیب میں آئی۔

جیسا کہ فرمایا

خدمتِ دین کو اِک فضلِ الٰہی جانو
اس کے بدلے میں کبھی طالبِ انعام نہ ہو
اپنی اس عمر کو اِک نعمتِ عظمیٰ سمجھو
بعد میں تا کہ تمہیں شکوۂ ایام نہ ہو

اس طرح صدر صاحبہ لجنہ اماء اللہ کے زیرِ صدارت مختلف شعبہ جات اور اُنکی سیکریٹریاں کے عُہدوں کو منظّم کیا گیا۔ جنرل سیکرٹری تمام شعبہ جات کا جائزہ لیتی ہے اور رپورٹ لیتی ہے دیگر شعبہ جات اپنے اپنے دائرے میں خدمات سر انجام دیتے ہیں۔

شعبہ تبلیغ

اسلام اور احمدیت کے حسین چہرہ کی نورانی تعلیمات کو دنیا کے کونے کونے میں روشناس کرنے کا عزم لئے یہ شعبہ مُستعدی سے لوگوں سے رابطے قائم کر کے اُن تک اسلامی تعلیمات کا لٹریچر مہیا کرتا ہے اور باہمی گفتگو کے پروگرام

لجنہ وناصرات کی کھیلیں اور تربیتی کلاسوں کا اہتمام تھا؟

جواب:۔ جلسہ سالانہ کا باقاعدہ انتظام 1964 سے ہوا، شروع میں مردوں کی طرف سے نشر کردہ پروگرام خواتین سنتی تھیں۔ جب مکرم شریف احمد صاحب باجوہ بحیثیت امام مسجد لندن تشریف لائے تو خواتین کا پروگرام علیحدہ نشر کرنے کا انتظام کیا گیا۔ اس سلسلے میں خواتین میں آواز کے انتظام کے لئے مائیکرو فون اور ریکارڈنگ کے فرائض طیبہ شہناز کریم صاحبہ نے 1984 تک انجام دیئے بلکہ خواتین میں منعقد ہونے والے ہر پروگرام کی ریکارڈنگ کی۔ 1985 سے جلسہ اسلام آباد میں ہونے لگا۔ اسی طرح اجتماعات اور کھیلوں کے پروگرام بھی باقاعدہ طور پر اسی وقت سے جاری ہیں۔ تربیتی کلاسوں کا باقاعدہ انتظام مکرم ومحترم مولانا مبارک احمد صاحب کے یہاں قیام کے دوران سے شروع ہوا ہے اور اب تک جاری ہے۔

☆سوال:۔ لجنہ کی میٹنگز کتنی ہوتی تھیں اور حاضری عام طور پر کتنی ہوتی تھی؟

جواب:۔ شروع میں تو مہینہ میں صرف ایک میٹنگ ہوتی تھی۔ خواتین بہت شوق سے دور دراز سے آ کر شرکت کرتی تھیں۔ جتنے لوگ یہاں آ کر آباد ہوئے تھے اس لحاظ سے حاضری میں کبھی بھی کمی کا احساس نہیں ہوا۔ پروگرام بھی ماشاء اللہ ہمیشہ بہت دل چسپ رہے ہیں بلکہ خواتین مہینہ ختم ہونے کا انتظار کرتی تھیں اور میٹنگ کا انتظار رہتا تھا۔ پھر آہستہ آہستہ حلقہ جات بننے شروع ہوگئے اور یہ کام بھی مکرم ومحترم شیخ مبارک احمد صاحب کے دور میں شروع ہوا۔

☆سوال:۔ اپنی صدارت کا کوئی اہم یادگار واقعہ بتائیں؟

جواب:۔ اہم یادگار واقعات تو بہت سے ہیں لیکن 1967 کے اہم یادگار واقعہ کا ذکر کرتی ہوں جب حضرت خلیفۃ المسیح ثالثؒ لندن میں تشریف لائے۔ وہ دن آج بھی یاد ہے گرمیوں کا ایک خوبصورت دن تھا، مسجد کے صحن کو خوبصورت جھنڈیوں سے آراستہ کیا گیا تھا، ناصرات کی چھوٹی چھوٹی بچیاں چھوٹے چھوٹے بینرز ہاتھوں میں لئے قطار میں کھڑی تھیں۔ ان پر ''خوش آمدید''، ''السلام علیکم'' اور ''اھلاً وسھلاً'' وغیرہ لکھا گیا تھا۔ حضورؒ کا وہ مسکراتا ہوا چہرہ آج بھی یاد ہے جب وہ صحن میں داخل ہوئے، بچوں کو پیار کیا اور سب سے اگلی بچی جو صرف دو سال کی تھی اور ''السلام علیکم'' کا جھنڈا تھامے تھی، اسے گود میں اٹھا لیا۔ بے حد حسین یادیں ہیں جو یہاں بیان نہیں ہوسکتیں۔ اس کے بعد لجنہ میں ترقیات کا ایک نیا سلسلہ جاری ہوا، دن بدن مزید ترقی کی راہوں پر قدم جمتا چلا گیا۔ محترمہ آپا منصورہ بیگم صاحبہ نے (حرم خلیفۃ المسیح ثالثؒ) خواتین میں بیت بازی اور مشاعروں کا اجراء فرمایا۔ ''رسالہ الصدیقہ'' کا اجراء ہوا اس کے بعد یہی رسالہ ''الکوکب''، ''صدف'' اور ''النصرت'' کے نام سے شائع ہوا (محترمہ امتہ الرشید احمد صاحبہ کی صدارت میں) اور پھر کچھ عرصہ شائع نہیں ہوا۔ اب پھر النصرت کے نام سے شائع ہونا شروع ہوا ہے اور بھی بہت سی باتیں ہیں جن سب کا ذکر اس انٹرویو میں نہیں ہوسکتا۔ اس کے لئے تو کئی صفحات درکار ہیں۔ 1967 ہی میں باہر کے شہروں کی برانچز کھلنا شروع ہوئیں۔

☆سوال:۔ آپ کے دور میں لجنہ نے کوئی خاص دور مکمل کیا؟

جواب:۔ 1972 میں لجنہ اماء اللہ کے پچاس سال ختم ہونے پر جشنِ پنجاہ سالہ بہت اہتمام سے منایا۔ پورے دن کا یادگار پروگرام ہے جسے طیبہ شہناز کریم صاحبہ نے ریکارڈ کیا اور آج بھی ریکارڈ کی صورت میں موجود ہے۔ بے حد اچھی اچھی تقاریر اور نظموں کا پروگرام تھا۔ ضیافت کی ٹیم نے بھی اپنے فرائض بہت خوبی سے سرانجام دیے۔ بہت سی مہمان خواتین حاضر تھیں۔ لجنہ برطانیہ کی طرف سے بطور نمائندہ محترمہ پروین رفیع احمد صاحبہ اور محترمہ ناصرہ رشید صاحبہ مرکز ربوہ میں تشریف لے کر گئیں۔

☆سوال:۔ پردہ کا تصور کیسے قائم کیا؟

جواب:۔ خود ہمیشہ پردہ کیا اپنی بیٹیوں کو پردہ کی اہمیت سمجھائی اپنی مجلس عاملہ کی ممبرات کو ہمیشہ پردہ کی تلقین کی اور لجنہ کی ممبرات میں بھی اس پیغام کو پہنچانے کی کوشش ہمیشہ جاری رکھی۔ اس فرض سے کوتاہی نہیں برتی، دعا بھی ہمیشہ کی ہے، باقی نتائج خدا تعالیٰ کے ہاتھ میں ہیں اس کے علاوہ کچھ نہیں کہہ سکتی۔

☆سوال:۔ اس وقت کی لجنہ تبلیغ میں کس قدر شمولیت رکھتی تھی اور کس طرح؟

جواب:۔ تبلیغ ڈے مناتے تھے، سیمینار کیے جاتے تھے، بچوں کے استادوں اور انگریز مہمانوں کو مدعو کیا جاتا تھا، اس طریقہ سے اسلام واحمدیت کا تعارف کروایا جاتا تھا۔ پھر بعض افطاریوں اور عید کے تہواروں پر بھی مہمان بلائے جاتے تھے، اپنے معاشرہ سے ان لوگوں کو متعارف کروایا جاتا تھا۔ بہت مواقع پر لوکل کونسلز، لیڈی میئر اور ہائی کمشنرز کی بیویوں کو بھی دعوت دی جاتی تھی اور اسلام و احمدیت کے بارے میں بتایا جاتا تھا پھر آہستہ آہستہ یہ سلسلہ ترقی کرتا چلا گیا اور آج کا تبلیغی نظام آپ کے سامنے ہے۔ دراصل 1984 میں پیارے امام خلیفۃ المسیح الرابعؒ کے ہجرت کر کے یہاں آجانے کے بعد سے تبلیغ میں بہت ترقی ہوئی ہے اور حضورؒ نے تبلیغ کی نئی نئی راہیں بتلائی ہیں۔

☆سوال:۔ آپ کوئی پیغام دینا چاہیں گی؟

جواب:۔ میرا جواب یہی ہے کہ خلافت احمدیہ کے ساتھ کامل اطاعت فرمابرداری اور جانثاری کے جذبہ کے ساتھ وابستہ رہیں۔

خدمتِ دین کو اک فضلِ الٰہی جانو
اس کے بدلے میں کبھی طالب انعام نہ ہو

نیک نمونہ پیش کرنے کی توفیق پا رہی ہیں۔ الحمدللہ

☆ سوال:۔ جب آپ نے یہ عہدہ سنبھالا تو آپکے مدنظر کیا مقاصد تھے، آپ کو کیا مشکلات پیش آئیں؟

جواب:۔ مقاصد تو وہی تھے جو سیدنا حضرت مصلح موعودؓ نے لجنہ کے قیام کے وقت مقرر فرمائے تھے جو ہر صدر لجنہ کے ہونے چاہئیں۔ سب سے بڑا جذبہ تو خدمتِ دین ہی کا ہوتا ہے۔ میرا بھی یہی جذبہ، خواہش اور کوشش رہی کہ خواتین بھی خدمتِ دین میں مردوں سے پیچھے نہ رہیں اور ہر ملک کی صدر کی راہنمائی کیلئے خلیفہ وقت کی ذاتِ بابرکات اور مرکز میں حضرت چھوٹی آپا صاحبہ کا وجود نعمتِ غیر مترقبہ رہا ہے مشکلات میں پہلے بھی بیان کر چکی ہوں۔ سب سے بڑی مشکل چونکہ آفس نہیں تھا اسلئے عاملہ کی ممبرات کے گھروں ہی میں عام طور پر میٹنگ کر لی جاتی تھیں۔ پھر محمود ہال بن جانے کے بعد مشکلیں کچھ آسان ہوگئی تھیں پھر آہستہ آہستہ اللہ تعالیٰ کا فضل ہوتا چلا گیا اور آج سب کچھ سب کے سامنے ہے۔ ہم لوگ باہر کی لجنات کے دورے بسوں اور ٹرینوں پر کیا کرتے تھے۔

☆ سوال:۔ آپکی عاملہ کے کتنے ممبران تھے۔ کس کس شعبہ کی سیکریٹری تھی؟

جواب:۔ ہر شعبہ کی سیکرٹری موجود تھی مثلاً تعلیم، تجنید، ناصرات، مال، ضیافت، نمائش، وقارِعمل، مصباح، اشاعت، امورِعامہ، تعلیم القرآن کلاس، تربیّت، وغیرہ غرض کہ جتنے شعبے تھے اسی کے مطابق ہی مجلس عاملہ کی ممبرات تھیں اور یہ تمام تفاصیل تاریخ لجنہ میں موجود ہیں حتیٰ کہ عاملہ کی ممبرات کے اسماء گرامی بھی موجود ہیں۔

☆ سوال:۔ جب آپ نے کام سمبھالا تو لجنہ کی کون کون سی تنظیمیں (شاخیں) فعال تھیں؟

جواب:۔ انتہائی ابتدائی دور میں تو قریب قریب کے مقامات یعنی ہنسلو، ساؤتھ ہال اور کرائیڈن وغیرہ کی ممبرات لندن میں ماہانہ میٹنگ میں شرکت کے لئے بہت زیادہ مشقت اٹھا کر پہنچا کرتی تھیں۔ پھر آہستہ آہستہ ہر جگہ پر لجنہ کا قیام ہوتا گیا۔ 1967 میں جب پہلی مرتبہ حضرت خلیفۃ المسیح الثالثؒ انگلستان تشریف لائے تو اس وقت تک نو جگہوں پر لجنہ کا قیام ہو چکا تھا۔ اور یہ نو شاخیں سرگرم عمل تھیں بلکہ دسویں شاخ حضور اقدسؒ کے یہاں قیام کے دوران Leyton Stone قائم ہوئی۔

☆ سوال:۔ آپ آج کی لجنہ اور اپنے وقت کی لجنہ میں کیا فرق سمجھتی ہیں؟

جواب:۔ جہاں تک لجنہ کے اعلیٰ مقاصد کے مدنظر رہنے کی بات ہے ان میں تو میرے نزدیک کسی زمانے میں بھی کوئی فرق نہیں نہ ہونا چاہئے۔ حضرت مصلح موعودؓ نے خواتین کی ترقی کے لئے جن مقاصد کے حصول کے لئے یہ تنظیم قائم فرمائی تھی وہ آج بھی وہی ہیں جو پہلے دن تھے۔ ہاں البتہ ترقی کی منازل روز بروز طے ہو رہی ہیں، ہر قدم بلندی کی طرف ہے اور یہ تو امتداد زمانہ کے ساتھ ساتھ ہونا بھی چاہئے، آج کی ہر احمدی خاتون پہلے سے کہیں زیادہ تعلیم یافتہ ہے اور پھر خلیفہ وقت کے انگلستان میں قیام کی بدولت جماعت احمدیہ دن دوگنی اور رات چوگنی ترقی کر رہی ہے الحمداللہ، اور لجنہ بھی جماعت کا حصہ ہی ہیں۔ اس لحاظ سے بہت فرق ہے۔ لجنہ بہت ترقی پزیر ہے۔

☆ سوال:۔ عورتوں میں قربانی کا جذبہ آج زیادہ ہے یا پہلے تھا؟

جواب:۔ قربانی کے جذبہ میں کسی دور میں بھی کوئی فرق محسوس نہیں ہوتا۔ ہر دور کی احمدی خاتون نے اپنے اپنے وقت میں اپنی حیثیت اور طاقت کے مطابق بے مثال قربانیاں پیش کی ہیں۔ قربانی کے معیار کو ہم کسی پیمانہ میں نہیں تول سکتے۔ بلکہ صحابیات کی قربانیوں کو دیکھیں تو بعض اوقات آج کی قربانیاں بے حقیقت لگنے لگتی ہیں۔ لیکن نہیں میرے نزدیک یہ جذبہ ہمیشہ سے ایک جیسا ہی ہے اور ہمیشہ ایسا ہی رہے گا اس میں کوئی فرق نہیں۔

☆ سوال:۔ مینا بازار کب شروع کیا گیا؟

جواب:۔ 1949 میں جب لندن میں لجنہ اماء اللہ کی باقاعدہ بنیاد رکھی گئی اور چوہدری مشتاق احمد صاحب باجوہ کی اہلیہ محترمہ کلثوم باجوہ صاحبہ صدر منتخب ہوئیں۔ مینا بازار اسی وقت سے لگائے جاتے رہے ہیں۔ اور تا حال لگائے جاتے ہیں اور اس کے فوائد ظاہر و باہر ہیں۔

☆ سوال:۔ ناصرات اور لجنہ کا تعلیمی نصاب کون بناتا تھا، کیا وہ پاکستان والا ہی تھا یا مختلف؟

جواب:۔ ناصرات کا تعلیمی نصاب سیکریٹری ناصرات بناتی تھی اور لجنہ کا تعلیمی نصاب لجنہ کی سیکریٹری تعلیم مرتب کرتی تھی۔ حضرت چھوٹی آپا صاحبہ کی اجازت سے ٹرم ینگ لجنہ بنی تھی لیکن یہ کوئی علیحدہ گروپ نہیں تھا بلکہ یہ نوجوان بچیاں لجنہ ہی میں شامل تھیں اور لجنہ کا نصاب ہی انہیں پڑھایا جاتا تھا۔ ان کے لئے مہینہ میں ایک مرتبہ ''سٹڈی سرکل'' کے نام پر ایک میٹنگ ہوتی تھی جس میں پڑھانے والے کچھ استاد تھے جن میں ''باری حمید'' ''پروین رفیع'' اور امتہ الواحد'' کے نام یاد ہیں۔

☆ سوال:۔ ناصرات کی کلاسز کب شروع ہوئیں؟

جواب:۔ ناصرات کی کلاسز 1964 سے اب تک باقاعدہ جاری ہیں۔

☆ سوال:۔ کیا اس وقت بھی جلسہ سالانہ، لجنہ اجتماع، ناصرات اجتماع،

ایک انٹرویو

مرتبہ ڈاکٹر امۃ السلام سمیع صاحبہ (لندن)

مکرمہ محترمہ امۃ الحفیظ صاحبہ (بیگم مکرم ومحترم ڈاکٹر عبدالسلام صاحب) جھنگ شہر میں پیدا ہوئیں۔ آپکے والد محترم چوہدری غلام حسین صاحب انسپکٹر آف سکولز تھے۔ اپکی والدہ محترمہ کا نام صہبا بیگم تھا۔ آپکے پانچ بھائی اور آپ تین بہنیں تھیں۔ ریٹائرمنٹ کے بعد آپکے والد محترم قادیان میں جاکر آباد ہو گئے۔

آپ نے ابتدائی تعلیم جھنگ اور مگھیانہ کے گورنمنٹ سکولز سے حاصل کی۔ قادیان میں مڈل کا امتحان پاس کرنے کے بعد 9th کلاس میں داخلہ لینا چاہا لیکن اس وقت تک حضرت مصلح موعودؓ نے قادیان میں خواتین کے لئے دینیات کلاسز کا اجراء فرمایا تھا۔ ایک ملاقات پر حضور اقدسؓ نے فرمایا کہ 9th کلاس میں جانے کی بجائے دینیات کلاس میں داخلہ لے لو۔ لہٰذا حضور اقدسؓ کے فرمان پر عمل کرتے ہوئے دینیات سکول میں داخلہ لیا اور رابعہ کلاس تک تعلیم حاصل کی۔ اس وقت ایک ساتھ تعلیم حاصل کرنے والی چند معزز بہنوں کے نام بتانا ضروری سمجھوں گی۔ ان میں حضرت مصلح موعودؓ کی اپنی صاحبزادیاں بی بی امۃ القیوم صاحبہ، بی بی امۃ الرشید صاحبہ اور بی بی امۃ العزیز صاحبہ بھی تھیں اس کے علاوہ محترمہ امۃ الرشید شوکت صاحبہ اور محترمہ نصیرہ نزہت صاحبہ بھی تھیں جن کے ناموں سے جماعت احمدیہ کی بے شمار خواتین متعارف ہیں۔

آپکی شادی 1949 میں جھنگ میں ہوئی۔ آپکی تین بیٹیاں اور ایک بیٹا ہے۔ سبھی بچے نیک مخلص اور خادمانِ دین ہیں۔ الحمدللہ

☆سوال:۔ آپ UK میں کب تشریف لائیں؟

جواب:۔ جنوری 1958 میں لندن میں رہائش کی ابتداء ہوئی۔ اس سے پیشتر تین سال کیمبرج میں گذرے جہاں ڈاکٹر صاحب یونیورسٹی میں لیکچرار تھے۔

☆سوال:۔ آپ کب صدر لجنہ UK بنیں کیا یہ الیکشن تھا یا سلیکشن تھا؟

جواب:۔ 1960 میں الیکشن کے ذریعہ صدر منتخب ہوئی۔

☆سوال:۔ آپ نے کتنا عرصہ صدر لجنہ اماء اللہ کے طور پر کام کیا؟

جواب:۔ الحمدللہ 27 سال تک صدارت کے عہدے پر قائم رہ کر خدمتِ دین کی سعادت نصیب ہوئی۔

☆سوال:۔ صدر بننے کے بعد آپ کے احساسات کیا تھے؟

جواب:۔ خدا تعالیٰ کی حمد وثنا سے دل لبریز تھا کہ اس نے خدمتِ دین کا ایک رستہ میرے لئے کھولا ہے۔ ہر وقت یہی دعا رہتی تھی کہ خدا تعالیٰ غلطیوں کوتاہیوں سے درگزر فرماتے ہوئے مقبول خدمتِ دین کی توفیق بخشے۔ مشکلات بھی بہت تھیں۔ لجنہ کا کوئی آفس نہیں تھا۔ ٹیلی فون کی سہولت نہیں تھی۔ فوٹو کاپیئر نہیں تھا، غرضیکہ ہر قسم کی سہولت کے نہ ہوتے ہوئے بھی کام کرنا تھا اور الحمد للہ کیا۔ اور یہ سب کام ہم گھروں میں بیٹھ کر کرتے تھے۔

☆سوال:۔ آپ سے پہلے صدر لجنہ کون تھیں؟

جواب:۔ مسز سائرہ نسیم صاحبہ تھیں اور کچھ وقت کے لئے مسز اشرف صاحبہ بھی صدر رہیں۔

☆سوال:۔ UK میں لجنہ کی بنیاد کب رکھی گئی اس کی تاریخ بتانا پسند کریں گی؟

جواب:۔ جماعت احمدیہ لندن کے 1949 کے سالانہ اجتماع کے موقع پر لجنہ اماء اللہ کے قیام کا Resolution پاس کیا گیا۔ چنانچہ اس کے مطابق 11 دسمبر 1949 کو مستورات کا ایک اجلاس ہوا جس میں عہدے داران کا انتخاب ہوا اور اس طرح باقاعدہ لجنہ اماء اللہ کی بنیاد رکھی گئی۔ پہلی صدر محترمہ کلثوم باجوہ صاحبہ منتخب ہوئیں۔ آپ محترم چوہدری مشتاق احمد باجوہ صاحب کی اہلیہ تھیں جو اس وقت امام مسجد لندن تھے۔ اس وقت ماہانہ اجلاس ہوتے تھے۔

☆سوال:۔ جب آپ نے یہ عہدہ سنبھالا تو آپ کے گھریلو حالات کیا تھے آپ نے اپنی جماعتی مصروفیات اور گھر کے کاموں میں کس طرح توازن رکھا؟

جواب:۔ ڈاکٹر صاحب بہت مصروف انسان تھے۔ بچے چھوٹے تھے بچوں کو سکول لے جانا واپس لانا گھر کا سارا کام وغیرہ بہت سی مشکلات تھیں لیکن اللہ تعالیٰ کی دی ہوئی توفیق، مدد اور دعاؤں نے کام کو آسان ہی رکھا۔ ڈاکٹر صاحب کو کالج اور بچوں کو سکول چھوڑنے کے بعد گھر کے کام مثلاً کھانا پکانا، لانڈری، گھر کی صفائی اور شاپنگ وغیرہ میں مارننگ میں کرتی تھی۔ اسی طرح کوئی لجنہ سے متعلق ضروری کام بھی۔ تاکہ سہ پہر میں بچوں کے آنے پر ان کی طرف توجہ کرسکوں۔ اور شام کو ڈاکٹر صاحب کے آنے پر مصروفیت بڑھ جاتی تھی۔ ممبرات عاملہ کو بھی اور عمومی طور پر بھی شام کو فون نہ کرنے کی ہدایت تھی کیونکہ ڈاکٹر صاحب جلدی سونے کے عادی تھے۔ جہاں تک بچوں کا تعلق ہے ڈاکٹر صاحب اور میں نے بھی بہت پیار عزت اور دوستانہ ماحول میں تربیت کی کوشش کی ان کی دینی اور دنیاوی تعلیم اور عملی تربیت کا پورا خیال رکھا اور اپنے عملی نمونہ سے ان کی رہنمائی کی۔ امریکہ کی جماعت اور لجنہ اماء اللہ میں میری دو بیٹیاں خدا کے فضل سے نمایاں خدمت اور حیا و حجاب کا

ناممکن ہے۔ایمان کے لئے بہت سی قربانیوں کی ضرورت ہے۔

قربانیاں دو قسم کی ہوتی ہیں ایک تو خدا کی طرف سے ہوتی ہے اور دوسری بندہ آپ اپنے اوپر عاید کرتا ہے۔پہلی قربانیاں جو خدا کی طرف سے ہوتی ہیں وہ اس قسم کی ہوتی ہیں مثلاً کسی کا بچہ مر جائے یا بیوی مر جائے۔اس میں بندے کا دخل نہیں ہوتا۔اس کے علاوہ جو دوسری قربانی ہے اس میں انسان کا دخل نہیں ہوتا کہ بھائی بند، بیٹا بیوی سب مخالف ہیں اور وہ ایمان لاتا ہے اور ان کی پرواہ نہیں کرتا۔یہ ہے جو ایمان کی نہر کو چیر کر لاتا ہے۔اسی طرح ایک عورت ہے جس کی سمجھ میں حق آ گیا یا کوئی لڑکا لڑکی ہے جس پر حق کھل گیا اور وہ اپنے ایمان پر قائم رہے۔اور مخالفت کا خیال نہ کرے۔تو یہی نہر ہے جو کھود کر لاتے ہیں۔بچپن میں ایمان لانے والوں میں بھائی عبدالرحمٰن قادیانی ہیں جو پہلے ہندو تھے۔ان کے والد آ کر ان کو لے گئے اور جا کر ایک کمرے میں بند کر دیا۔چھ مہینے بند رکھا ایک دن انہیں موقعہ ملا تو وہ پھر بھاگ کر یہاں آ گئے۔تو ایمان کی نہر حاصل کرنے کے لئے بڑی قربانی کی ضرورت ہے۔دنیا میں جب کوئی کپڑا، جوتی، روپیہ غرض کوئی چیز مفت نہیں ملتی تو ایمان جیسی نعمت کیسے مفت مل جائے۔اور نہر کا لفظ ہی بتا رہا ہے کہ یہ بڑا مشکل کام ہے۔اللہ تعالیٰ فرماتا ہے مومن وہی ہے جو قربانی کرتا ہے۔اِس سے ترقی کرتا ہے:۔ (اوڑھنی والیوں کیلئے پھول)

ایک دن

10 اپریل 2005 بروز اتوار صبح دس بجے سے شام چار بجے تک لجنہ اماء اللہ ہوہیورنگ جماعت نے انٹرنیشنل گرلز گائیڈ کے ساتھ بہار کا یہ پہلا دن بہت اہتمام کے ساتھ، پیار اور محبت کے تعلقات کو استوار کرتے ہوئے گزارا یہ پروگرام ریڈن کورٹ سکول میں منایا گیا، گرلز گائیڈ کی ڈائریکٹر Diana صاحبہ سے ہماری گفتگو کا سلسلہ جاری تھا اور انہوں نے بہت خلوص سے ہمیں مدعو کیا تھا۔

ہمیں اپنے مذہب اور تہذیب وتمدن کی کچھ جھلکیاں پیش کرنے کا موقع ملا۔تصویروں کے ساتھ ''وضو اور نماز'' کے چارٹ بنا کر سجائے گئے۔

دلہن کے لباس، زیور، مہندی، آرائش وزیبائش کی چیزیں نیز ایشیائی مضوعات سے کمرے کو سجایا گیا۔

تیس تیس کے گروپ میں سکول کی لڑکیاں اندر آ کر دیکھتی رہیں، اُن کے مختلف سوالات کے جوابات دیئے گئے ہماری 24 کے قریب کارکنات تھیں اور 250 انگریز خواتین سے ہماری بات چیت ہوئی جو بہت؟ موثر رہی۔الحمدللہ

غزل

طیبہ شہناز کریم لندن

تجھ کو معلوم ہو گر اپنی حقیقت اے دوست
موج در موج ہوں طوفان ، بدل جاتے ہیں
لہو رو رو کے گلستان کو سینچیں کیوں کر
فائدہ کیا گل و ریحان بدل جاتے ہیں
ایک رشتے میں پرونے کی تجھے فکر ہے کیوں
نت نئے موڑ پہ انسان بدل جاتے ہیں
میری ہستی کا جو مقصد ہے مجھے ہے معلوم
چاہوں گر پورا ہو سامان بدل جاتے ہیں
ایک پتھر ہوں، نگیں ہونا بھی چاہوں گر میں
خاتم دِستِ سلیمان بدل جاتے ہیں
کیوں نہ سج جاؤں ترے واز میں بنکر اک پھول
کیا کروں تیرے بھی گلدان بدل جاتے ہیں
بن کے آنسو تری پلکوں پہ اٹک جاؤں میں
پر ترے مصنوعی مژگان بدل جاتے ہیں
تجھ کو میں کیسے کروں حسنِ ادا سے قائل
میں جو پوچھوں ترے فرمان بدل جاتے ہیں
فقرِ بو ذرؓ ہو، یقیں مردِ مسلماں جیسا
نظریں مومن ہوں تو شیطان بدل جاتے ہیں
قلب میں سوز رہے روح میں احساس رہے
منفعت میں سبھی نقصان بدل جاتے ہیں
ہم کو بیمار ، کبھی ہوشیار سمجھنے والو
کیا تمہارے یونہی رجحان بدل جاتے ہیں
حاکمِ غرب کی یہ شعبدہ بازی واللہ
دیکھتے دیکھتے ایمان بدل جاتے ہیں
طبِ مغرب کی دواؤں کے اثر خواب آور
کھا کے سب دانا و نادان بدل جاتے ہیں
ہو گی اک روز بہر طور رسائی شہنازؔ
قصرِ شاہی کے بھی دربان بدل جاتے ہیں

تھے کہ میں اُس احمدی سے کہوں کہ مقدمہ چھوڑ دے۔مگر انہوں نے پہلے غرض نہ بتائی۔اور کچھ خشک میوہ منگوا کر کہا کھاؤ۔میں نے کہا مجھ کو نزلہ کی شکایت ہے۔کہنے لگے جو کچھ تقدیر الٰہی میں ہوتا ہے وہی ہوتا ہے۔میں نے کہا اگر یہی ہے تو آپ سے بڑی غلطی ہوئی ناحق سفر کی تکلیف برداشت کی۔اگر تقدیر میں ہوتا تو آپ خود بخود جہاں جانا تھا پہنچ جاتے۔اس پر وہ خاموش ہو گئے۔تو تقدیر کے متعلق بالکل غلط سمجھا گیا ہے۔اللہ تعالیٰ فرماتا ہے ہم کسی کو مومن یا کافر نہیں بناتے بلکہ وہ خود ہی شکر گزار بندہ یا کافر بنتا ہے۔اور ہم نے جب اس کو مقدرت دے دی تو حساب بھی لینا ہے۔دیکھو جس نوکر کو مالک اختیار دیتا ہے۔کہ فلاں کام اپنی مرضی کے مطابق کرو وہ اس سے محاسبہ بھی کرتا ہے۔

منکروں کی سزا

پھر اللہ تعالیٰ فرماتا ہے۔اِنَّآ اَعْتَدْنَا لِلْکٰفِرِیْنَ سَلٰسِلَا اَغْلٰلًا وَّسَعِیْرًا ۔ جو لوگ انکار کرتے ہیں ان کے لئے زنجیریں اور طوق ہیں اور آگ رکھی ہے۔

رسوم اور عادات سے بچو

وہ زنجیر کیا ہے؟ وہ رسوم ہے جن کا تعلق قوم کے ساتھ ہوتا ہے۔مثلاً بیٹے کا بیاہ کرنا ہے تو خواہ پاس کچھ نہ ہو قرض لے کر رسوم پوری کرنی ہوتی ہیں۔یہ زنجیر ہوتی ہے جو کافر کو جکڑے رہتی ہے اور وہ اس سے علیحدہ نہیں ہونے پاتا۔اس کے مقابلہ میں مومن ہے۔اس کے نکاح پر کچھ خرچ نہیں ہوتا۔اگر توفیق ہے تو چھوہارے بانٹ دو۔اگر نہیں تو اس کے لئے بھی جبر نہیں۔پھر اغلال وہ عادتیں ہیں جن کا اپنی ذات سے تعلق ہے۔اسلام عادتوں سے بھی روکتا ہے۔شراب، حقہ، چائے کسی چیز کی بھی عادت نہ ہونی چاہیے۔انسان عادت کی وجہ سے بھی گناہ کرتا ہے۔حضرت صاحب کے زمانہ میں حضرت صاحب کے مخالف رشتہ داروں میں سے بعض لوگ حقہ لے کر بیٹھ جاتے۔کوئی نیا آدمی جسے حقہ کی عادت ہوتی وہ وہاں چلا جاتا تو وہ خوب گالیاں دیتے۔چنانچہ ایک احمدی انکی مجلس میں گیا۔انہوں نے حقہ آگے رکھ دیا اور حضرت صاحب کو گالیاں دینے لگ گئے۔اس سے اس احمدی کو سخت رنج ہوا۔کہ میں ان کی مجلس میں کیوں آیا۔انہوں نے جب دیکھا کہ یہ کچھ بولتا نہیں۔تو پوچھا میں تم کچھ بولے نہیں۔احمدی نے کہا بولوں کیا؟ میں اپنے آپ کو ملامت کر رہا ہوں۔کہ حقہ کی عادت نہ ہوتی تو یہ باتیں نہ سننی پڑتی ں۔آخر اس نے عہد کیا کہ میں آئندہ کبھی حقہ نہ پیوں گا۔تو عادت انسان کو گناہ کے لئے مجبور کر دیتی ہے۔

کافروں کو جلن

پھر سعیر وہ آگ ہوتی ہے۔جو اُن کے اندر لگی ہوتی ہے اور اُنہیں تسلی نہیں ہونے دیتی۔دیکھو ایک بُت پرست کے سامنے جب ایک مومن اپنے خدا کی وحدانیت بیان کرتا ہے تو وہ کس قدر جلتا ہے اور ایک عیسائی کے سامنے جب ایک یہودی کہتا ہے کہ تمہارا خدا وہی ہے جس کو ہم نے کانٹوں کا تاج پہنایا اور یہ یہ تکلیفیں دیں تو اس کے سینہ میں کس قدر جلن پیدا ہوتی ہے۔تو کافروں کے دل میں ایک آگ ہوتی ہے جو اُن کو جلاتی ہے۔ایک دفعہ ایک یہودی حضرت عمرؓ سے کہنے لگا مجھ کو تمہارے مذہب پر رشک آتا ہے اور میرا سینہ جلتا ہے کہ کوئی بات نہیں جو اِس شریعت نے چھوڑی ہو۔کاش کہ یہ سب باتیں ہمارے مذہب میں ہوتیں۔تو یہ ایک آگ ہے جو اُن کو جلاتی ہے۔اس کے مقابلہ میں اللہ تعالیٰ مومن کا حال اِس آیت میں بیان فرماتا ہے۔اِنَّ الْاَبْرَارَ یَشْرَبُوْنَ مِنْ کَاْسٍ کَانَ مِزَاجُھَا کَافُوْرًا ۔ یعنی کافروں کے مقابلہ میں خداوند کریم مومنوں کو کافوری پیالہ پلاتا ہے۔کافور کی خاصیّت ٹھنڈی ہے۔پس جہاں کافر کا سینہ جلتا ہے مومن خوش ہوتا ہے کہ میرے مذہب جیسا کوئی مذہب نہیں۔توحید کی تعلیم اور کلام الٰہی اُس کے سامنے ہوتا ہے۔ایک مسلمان جس وقت قرآن پڑھتا ہے کہ وہ لوگ جو ایمان لاتے ہیں اُن پر فرشتوں کا نزول ہوتا ہے۔اُن کو الہام ہوتا ہے تو اُس کا دل اِس بات پر کِس قدر خوش ہوتا ہے کہ میں خدا تعالیٰ کے کِس قدر قریب ہوں۔اِسلام پر چلنے سے ہی خدا سے تعلّق ہوتا ہے۔اس کے مقابلہ میں وید کا ماننے والا جب وید پڑھتا ہے تو کِس قدر کڑھتا ہے۔کہ خدا جو وید کے رشیوں سے کلام کرتا تھا اب مُجھ سے نہیں کرتا۔میں کیا اس کا سوتیلا بیٹا ہوں؟ تو مومن خوش ہوتا ہے اور کافر جلتا ہے۔

مومن بننے کے لئے قربانیوں کی ضرورت

مگر وہ کافوری پیالہ جو مومن کو دیا جاتا ہے مشکل سے ملتا ہے۔اللہ تعالیٰ فرماتا ہے عَیْنًا یَّشْرَبُ بِھَا عِبَادُاللّٰہِ یُفَجِّرُوْنَھَا تَفْجِیْرًا ۔ جب رسول کریم صلّی اللہ علیہ وسلّم کے زمانہ میں لوگ ایمان لائے تو قتل کئے گئے۔حضرت بلالؓ کو گرم ریت پر لٹا کر مارتے اور کہتے کہو لات خدا ہے۔فلاں بُت خدا ہے مگر وہ لَا اِلٰہَ اِلَّا اللّٰہُ ہی کہتے۔اور باوجود اس قدر تکلیفوں کے انہوں نے اپنا ایمان نہ چھوڑا۔تو ایمان لانا کوئی معمولی بات نہیں جنّت کے اردگرد جو روکیں وہ مشکل سے ہٹتی ہیں۔اور جو لوگ ایمان کی نہر کھود کر لاتے ہیں۔وہ بڑی بڑی قربانیاں کرتے ہیں۔یہاں جو نہر سے مشابہت دی ہے تو اس لئے کہ نہر بڑی مشکل سے کھُدتی ہے۔اگر اکیلے کسی کو کھودنی پڑے تو کبھی نہ کھود سکے۔اب اگر ہماری جماعت کے مرد یا عورتیں خیال کریں کہ ہم کو یوں ہی ایمان مل جائے اور کوئی قربانی نہ کرنی پڑے تو یہ

کے ہماری رضا کو حاصل کرلے اور چاہے ہمارے نبی کا منکر ہو جائے۔ اس کو جو اقتدار حاصل ہے ہم اس میں دخل نہیں دیتے۔ ہاں خدا کا کلام اس پر اترا۔ اور اسے بتلایا کہ اس پر چل کر ترقی کر سکتے ہو۔

مقدرت کیوں دی گئی؟

کوئی کہہ سکتا ہے خدا نے انسان کو یہ قدرت ہی کیوں دی؟ اور اس کو آزاد کیوں چھوڑا؟ اس سے اس کی کیا غرض تھی؟ سو معلوم ہو کہ اگر خدا تعالیٰ انسان کو قدرت نہ دیتا تو وہ ترقی بھی نہ کرتا۔ دیکھو آگ کی خاصیت جلانا ہے آگ میں جو بھی چیز پڑے گی وہ اس کو جلا دے گی۔ چاہے وہ چیز آگ جلانے والی ہی کیوں نہ ہو۔ دیکھو اگر کسی گھر میں چراغ جل رہا ہو اور وہ گر پڑے اور سارا گھر جل جائے تو کوئی چراغ کو ملامت نہیں کرے گا۔ اسی طرح کوئی شخص آگ کو کبھی الزام نہیں دیتا کیونکہ جانتے ہیں کہ آگ کی خاصیت جلانا ہے۔ لیکن اگر کوئی انسان کسی کو بلاوجہ انگلی بھی لگائے تو لوگ اس کو ملامت کریں گے۔ کیونکہ اس میں یہ بھی مقدرت ہے کہ کسی کو ایذاء نہ پہنچائے۔ اسی طرح دیکھو مکان بھی انسان کو سردی سے بچاتا ہے۔ مگر کبھی کسی انسان نے مکان کا شکریہ ادا نہیں کیا۔ اس کے مقابلہ میں کوئی انسان کسی کو ایک کُرتہ دے دیتا ہے تو اس کا احسان مانتا ہے۔ کیونکہ وہ جانتا ہے کہ اس کو اختیار تھا۔ چاہے دیتا چاہے نہ دیتا۔ تو آگ اگر بچہ کو جلا دے تو بھی کوئی آگ کی مذمّت نہیں کرے گا۔ اور انسان اگر انگلی بھی لگائے تو اسے برا بھلا کہیں گے۔ اس کی کیا وجہ ہے؟ یہی کہ آگ کو اختیار نہیں مگر انسان کو اختیار تھا۔ چاہے دکھ دیتا چاہے نہ دیتا۔ اسی طرح پانی کا کام ہے ڈبونا۔ سمندر میں کئی انسان ڈوبتے رہتے ہیں۔ مگر کبھی کوئی سمندر کو ملامت نہیں کرتا۔ کیونکہ وہ جانتے ہیں کہ یہ قانون ہے۔ اس میں سمندر کو اختیار نہیں۔ پھر سارے انعام اختیار کے ساتھ وابستہ ہیں۔ انسان کو اس لئے بھی اختیار دیا گیا کہ اس کو انعام دیا جائے۔ اور جو انعام کے قابل ہو سکتا ہے وہی سزا کا بھی مستحق ہو سکتا ہے۔ بعض دفعہ بچہ زمین پر گر پڑتا ہے تو زمین کو پیٹتا ہے۔ یا بعض عورتیں کہتی ہیں کہ آؤ زمین کو پیٹیں اس نے کیوں تمہیں گرایا۔ مگر یہ محض ایک تماشا ہوتا ہے۔ جو بچہ کے بہلانے کے لئے ہوتا ہے۔ خدا تعالیٰ فرماتا ہے کہ انسان کو اختیار اس لئے دیا کہ چاہے بڑھ چڑھ کر انعام لے جائے چاہے سزا کا مستحق ہو جائے۔ کئی مسلمان مرد اور عورتیں کہتے ہیں جو کچھ اللہ تعالیٰ نے ہمیں بنانا تھا بنا دیا۔ ہمیں کسی کوشش کی ضرورت نہیں۔ اگر یہ صحیح ہے تو بتلاؤ پھر اب خدا کا کیا حق ہے کہ ہم میں سے کسی کو سزا دے یا انعام۔ دیکھو آگ کا کام خدا نے جلانا اور پانی کا کام ڈبونا رکھا ہے اب اگر کوئی چیز کے جلنے پر آگ کو یا ڈبونے پر پانی کو مارے تو چُوڑی چماری بھی کہے گی یہ پاگل ہے۔ مگر تم میں سے بہت سی عورتیں ہیں جو کہتی ہیں۔ اگر ہماری تقدیر میں جہنم ہے تو جہنم میں ڈالے جائیں گے اور اگر بہشت ہے تو بہشت میں جائیں گے۔ کچھ کوشش کرنے کی کیا ضرورت ہے؟ دیکھو پانی یا آگ کو مارنے والی عورت کو تمام پاگل کہتے ہیں اس لئے کہ آگ اور پانی کا جو کام تھا اس نے وہی کیا۔ پھر خدا اگر انسان کو ایک کام کرنے کے لئے مجبور بنا کر پھر سزا دیتا ہے تو کیا نعوذ باللہ لوگ اسے پاگل نہ کہتے۔ کیونکہ اس آدمی نے تو وہی کیا جو اس کی تقدیر تھا۔ پھر چور، ڈاکو، جواری سب انعام کے قابل ہیں کیونکہ انہوں نے وہی کام کیا جو ان کے مقدر میں تھا۔ اور جس کام کے لئے وہ پیدا کیے گئے تھے۔ مگر اللہ تعالیٰ اس کی تردید فرماتا ہے۔ اور کہتا ہے اگر جبر ہوتا تو کافر نہ ہوتے۔ کیا تم میں سے کوئی ایسا ہے جو مار مار کے لوگوں سے کہے کہ مجھ کو گالیاں دو یا میرے بچہ کو مارو؟ جب تم میں سے کوئی ایسا نہیں کرتا تو خدا نے جو زبان دی، کان دیے تو کیا اس لئے کہ مجھ کو اور میرے رسولوں کو گالیاں دو۔ جب دنیا میں کوئی کسی کو اپنے ساتھ بُرائی کرنے کے لئے مجبور نہیں کرتا تو خدا تعالیٰ کیوں لوگوں کو بُرے کاموں کے لئے مجبور کرنے لگا؟ اگر اس نے مجبور ہی کرنا ہوتا تو سب کو نیکی کے لئے مجبور کرتا پس یہ غلط خیال ہے اور خدا تعالیٰ اس کو ردّ کرتا ہے۔

تقدیر کے متعلق غلط خیال

عورتوں میں یہ مرض زیادہ ہوتا ہے کہ کسی کا بیٹا بیمار ہو جائے تو کہتی ہیں تقدیر یہی تھی۔ کوئی اور بات ہو جائے تو تقدیر کے سر تھوپ دیتی ہیں۔ میں کہتا ہوں اگر ہر بات تقدیر سے ہی ہوتی ہے اور انسان کا اس میں دخل نہیں ہوتا۔ تو ایک عورت روٹی کیوں پکاتی ہے؟ تقدیر میں ہوگی تو خود بخود پک جائے گی۔ رات کو لحاف کیوں اوڑھتی ہے؟ اگر تقدیر میں ہوگا تو خود بخود سب کام ہو جائے گا۔ مگر ایسا کوئی نہیں کرتا۔

ایک دفعہ میں لاہور سے قادیان آ رہا تھا اسی گاڑی میں پیر جماعت علی شاہ صاحب بھی سوار ہوئے۔ حضرت صاحب ایک دفعہ سیالکوٹ گئے تو انہوں نے یہ فتویٰ دیا تھا کہ جو کوئی ان کے وعظ میں جائے یا ان سے ملے وہ کافر ہو گا اور اس کی بیوی کو طلاق ہو جائے گی۔ کیونکہ یہ مسئلہ ہے کہ جب مرد کافر ہو جائے تو اس کی بیوی کو طلاق ہو جاتی ہے۔ ایک دفعہ ایک احمدی ان کے وعظ میں گیا اور ان سے کہا آپ نے میری شکل دیکھ لی ہے میں احمدی ہوں۔ اس لئے آپ اب کافر ہو گئے اور آپ کی بیوی کو طلاق ہو گئی۔ اِس پر سب لوگ اُس کو مارنے لگ گئے۔ خیر انہوں نے مجھ سے پوچھا کہ آپ کہاں جائیں گے؟ میں نے کہا بٹالہ انہوں نے کہا خاص بٹالہ یا کوئی اور جگہ؟ میں نے کہا بٹالہ کے پاس ایک گاؤں ہے وہاں۔ انہوں نے کہا اُس گاؤں کا کیا نام ہے؟ میں نے کہا قادیان۔ کہنے لگے وہاں کیوں جاتے ہو؟ میں نے کہا میرا وہاں گھر ہے۔ کہنے لگے کیا تم مرزا صاحب کے رشتہ دار ہو؟ میں نے کہا میں ان کا بیٹا ہوں۔ ان دنوں ان کا کسی احمدی سے جھگڑا تھا اور وہ چاہتے

احمدی خواتین کے متعلق حضرت خلیفة المسیح الثانیؓ کے ارشادات

1925 میں جلسہ سالانہ پر حضرت خلیفة المسیح الثانیؓ نے خواتین کے جلسہ میں جو تقریر فرمائی اس کا مضمون درج ذیل ہے

حضورؓ انور نے سورۃ دھر کی تلاوت کے بعد فرمایا:۔

اِس سورۃ میں بلکہ اِس رکوع میں جو میں نے پڑھا ہے اللہ تعالیٰ نے انسان کی زندگی کے ابتدائی و درمیانی و آخری انجام بتائے ہیں۔ اس لئے یہ رکوع اپنے مضمون کے لحاظ سے ایک کامل رکوع ہے

اپنی پیدائش پر غور کرو

اللہ تعالیٰ فرماتا ہے **هَلْ اَتٰى عَلَى الْاِنْسَانِ حِيْنٌ مِّنَ الدَّهْرِ لَمْ يَكُنْ شَيْئًا مَّذْكُوْرًا** ۔ دنیا میں انسان گناہ کا مُرتکب تکبّر کی وجہ سے ہوتا ہے۔ اور تکبر اُس کی عقل پر پردہ ڈال دیتا ہے وہ باوجود آنکھوں کے نہیں دیکھتا اور باوجود کانوں کے نہیں سُنتا اور باوہ یہ نہیں جانتا کہ ہر ایک انسان پر ایک زمانہ ایسا آیا ہے۔ خواہ وہ امیر ہو یا غریب۔ فقیر ہو یا بادشاہ۔ کہ اُس کا ذِکر دنیا میں کوئی نہ کرتا تھا۔ ہر ایک اپنی زندگی پر غور کر کے دیکھ لے جس کی عُمر آج چالیس سال کی ہے اکتالیس سال پہلے اُس کو کون جانتا تھا۔ اور جس کی عُمر پچاس سال کی ہے اکاون سال پہلے اُس کو کوئی نہ جانتا تھا۔ پس چاہیے کتنا ہی بڑا انسان ہو خیال کرے کہ اُس کی زندگی شروع کہاں سے ہوئی ہے۔ دنیا تو پہلے سے آباد چلی آرہی تھی۔ اور جب اُس کے پیدا ہونے سے پہلے بھی دنیا آباد تھی اور یہ بعد میں آیا اور اس کے نہ آنے سے پہلے کوئی نقصان نہ تھا اور دنیا کا کوئی بڑے سے بڑا جابر و فاتح بادشاہ جو گزرا ہے اُس کے نہ رہنے اور مرجانے سے دنیا کو کوئی نقصان نہیں ہوا اور دنیا ویسے ہی آباد چلی آرہی ہے۔ بڑے بڑے بادشاہ جو ایک وقت حکومت کرتے تھے ایک وقت آیا کہ اُن کو کوئی جانتا بھی نہ تھا۔ تو انسان کو چاہیے کہ اپنی پیدائش پر غور کرتا رہے۔ اِس سے اُس میں تکبّر پیدا نہیں ہوگا اور وہ بہت سے گناہوں سے بچ جائے گا۔

بچہ کی پیدائش

پھر اللہ تعالیٰ فرماتا ہے۔ **اِنَّا خَلَقْنَا الْاِنْسَانَ مِنْ نُّطْفَةٍ اَمْشَاجٍ نَّبْتَلِيْهِ فَجَعَلْنٰهُ سَمِيْعًا بَصِيْرًا** ۔ ہر ایک انسان پر ایک ایسا زمانہ آیا ہے کہ دنیا میں اُس کا کوئی مذکور نہ تھا۔ پھر ہم نے اُس کو مختلف چیزوں کے خواص سے سمیع اور بصیر بنا دیا۔ انسان کیا ہے۔ اپنی چیزوں یعنی مختلف قسم کے اناجوں، پھلوں، ترکاریوں اور گوشت کا خلاصہ ہے۔ جو ماں باپ کھاتے ہیں۔ بچہ ماں باپ سے ہی پیدا ہوتا ہے اور کبھی کوئی بچہ آسمان سے نہیں گرا۔ دیکھو اگر کسی شخص کی غذا بند کر دی جائے تو اس کے ہاں بچہ پیدا ہونا تو درکنار۔ وہ خود بھی زندہ نہ رہ سکے گا۔

روح کی پیدائش

پھر بچہ ہی سے رُوح پیدا ہوتی ہے۔ عام لوگوں کا خیال ہے کہ بچہ تو ماں باپ سے پیدا ہوتا ہے۔ رُوح کہیں آسمان سے آجاتی ہے جو اللہ تعالیٰ کے پاس پہلے ہی موجود ہوتی ہے۔ مگر یہ خیال رُوح کی نسبت غلط ہے۔ صحیح یہ ہے کہ رُوح بھی ماں باپ سے ہی پیدا ہوتی ہے اور یہ ایک بیہودہ اور لغو خیال ہے کہ بچہ تو ماں باپ سے پیدا ہوتا ہے اور رُوح آسمان سے آتی ہے۔ یہ آریوں کا خیال ہے کہ رُوح ہمیشہ سے چلی آتی ہے۔ اِس طرح خدا رُوح کا خالق تو نہ ہوا۔ سُورۃ دھر میں اللہ تعالیٰ ماں کے پیٹ میں بچہ کے نشو و نما کو اِس طرح بتاتا ہے کہ جس وقت دنیا میں اُس کا کوئی مذکور نہ تھا۔ ہم نے چند چیزوں کے خلاصہ سے اُس کو سمیع اور بصیر انسان بنایا۔ اور یہ اُسی غذا کا خلاصہ ہے جو ماں باپ کھاتے تھے۔ بچہ کی پیدائش اور رُوح کی مثال اُس طرح ہے جس طرح جُو سے سرکہ بناتے ہیں۔ اور سرکہ سے شراب۔ اسی طرح بچہ سے رُوح پیدا ہو جاتی ہے۔ گلاب کا عِطر گلاب کے پھولوں کا ایک حصّہ ہے۔ جو خاص طریقہ پر تیار کرنے سے بن جاتا ہے۔ پس جس طرح پھول کی پتیوں سے عطر نکل آتا ہے اور سرکہ سے شراب بن جاتی ہے اِسی طرح بچہ کے جسم سے رُوح تیار ہو جاتی ہے۔ ہمارے مُلک میں تو ابھی اِس قدر عِلم نہیں ہے۔ یورپ میں دوائیوں سے عِطر تیار کرتے ہیں۔ دو ایک دوئیاں ملائیں اور خوشبو بن گئی۔ پس جس طرح پھولوں سے خوشبو اور جَو سے شراب بن جاتی ہے اسی طرح جِسم سے رُوح پیدا ہو جاتی ہے۔ پہلے بچے کا جسم پیدا ہوتا ہے اور پھر جسم سے ہی رُوح پیدا ہو جاتی ہے کیونکہ اللہ تعالیٰ فرماتا ہے۔ **اِنَّا خَلَقْنَا الْاِنْسَانَ مِنْ نُّطْفَةٍ** ۔ کہ گوشت ترکاریاں، پانی، طرح طرح کے پھل ہر قسم کی دالیں جو ماں باپ کھاتے ہیں۔ ان مختلف قِسم کی غذاؤں کا خلاصہ نکال کر ہم نے انسان کو پیدا کیا۔

انسان کو مقدرت دی گئی

پھر **اِنَّا هَدَيْنٰهُ السَّبِيْلَ اِمَّا شَاكِرًا وَّاِمَّا كَفُوْرًا** ۔ ہم نے جو سب چیزوں کے نچوڑ سے خلاصہ بن گیا تھا۔ اُس پر انعام کیا اور وہ بولتا چالتا انسان بن گیا۔ پس تم دیکھو کہ تمہاری ابتدا اس طرح پر ہوئی۔ اور پیدائش کے لحاظ سے تمہارے اور گائے بھیڑ بکری میں کوئی فرق نہیں۔ اگر فرق ہوا تو احسان سے ہوا ہے۔ اور وہ یہ کہ اس کی طرف وحی بھیجی۔ اس پر اپنا کلام اُتارا اور اس کے اندر یہ قوت رکھ دی کہ چاہے تو شکر کرے اور چاہے تو انکار کرے۔ ہم نے انسان کو ان حقیر چیزوں سے پیدا کیا۔ اور اس میں یہ قوّت رکھ دی کہ چاہے ہماری راہ میں جدوجہد کر

کلام حضرت مصلح موعودؓ

راہ نما ہے تیرا کامل راہِ اُو محکم بگیر
صبح اپنی دانہ چیں ہے شام اپنی ملک گیر
ہاں بڑھائے جا قدم سستی نہ کر اے ہم سفیر
اپنی تدبیر و تفکر سے نہ ہرگز کام لے
راہ نما ہے تیرا کامل راہ او محکم بگیر
آسمان کے راستوں سے ایک تو ہے باخبر
ورنہ بھٹکے پھر رہے ہیں آج سب برنا و پیر
ذرہ ذرہ ہے جہاں کا تابع فرمانِ حق
تم ترقی چاہتے ہو تو بنو اُس کے اسیر

فانوس ہوں میں اور خدا اس کا نور ہے
خم ہو رہی ہے میری کمر جسم چور ہے
منزل خدا ہی جانے ابھی کتنی دور ہے
میرا تو کچھ نہیں ہے اُسی کا ظہور ہے
فانوس ہوں میں اور خدا اس کا نور ہے
کھڑکی جمالِ یار کی ہے عجز و انکسار
سب سے بڑا حجاب سرِ پُر غرور ہے
ہمت نہ ہار اُس کے کرم پر نگاہ رکھ
مایوسیوں کو چھوڑ وہ ربِ غفور ہے

نوٹ:۔مندرجہ بالا دو چھوٹی چھوٹی نظمیں لندن کے پندرہ روزہ اخبار احمدیہ 1966ء کے مصلح موعود نمبر میں نظر سے گزریں۔ یہ سیّدنا حضرت مصلح موعودؓ کا غیر مطبوعہ کلام ہے۔قارئین کی خدمت میں پیش کیا جاتا ہے

(ادارہ النصرت)

کلام الامام

حضرت امیر المومنین ایدہ اللہ تعالیٰ بنصرہ العزیز کی نہایت اہم نصائح

صاحبزادہ مرزا وقاص احمد صاحب کے نکاح کے خطبہ میں حضورِانور نے فرمایا کہ نکاح کا جو خطبہ ہے اس میں جو آیات کی سیلیکشن ہے اس میں تقویٰ کا لفظ پانچ دفعہ استعمال ہوا ہے۔آپ (ایدہ اللہ تعالیٰ) نے فرمایا تقویٰ کیا ہے؟ اللہ تعالیٰ کی خشیّت ،اس کا خوف،اس کی محبت۔تو اس طرح نصیحت فرمائی ہے کہ ہر قدم پر تم تقویٰ پر قائم رہو۔تقویٰ کو قائم کرلو گے تو تمہاری نسل بھی قائم رہے گی۔اور تم بھی روحانی ترقی کرو گے۔اور تقویٰ ہی ہے جو اگلے جہان میں تمہارے کام آنے والی چیز ہے۔یہ شادی بیاہ کی خوشیاں جو ہیں، یہ زندگی کی خوشیاں جو ہیں یہ عارضی خوشیاں ہیں۔ ہمیشہ رہنے والی چیز تقویٰ ہے اور وہی چیز ہے جو آگے کام آنے والی ہے۔اس دنیا کی فکر کی بجائے ہمیشہ ہر ایک کو خوشی کے موقعہ پر بھی اگلے جہان کی بھی فکر کرتے رہنا چاہیے۔ایک خدا کی عبادت کی طرف توجہ دیتے رہنا چاہیے۔یہ نہ ہو کہ خوشیوں کے ہنگاموں میں آدمی نمازیں بھول جائے۔یہی حکم ہے کہ توحید کو پکڑو اور ایک خدا کی عبادت کرو،اور اس کا پیار،اس کی محبت،سب محبتوں سے بڑھ کر ہو۔یاد رکھو کہ تمہاری بقا اسی میں ہے کہ خدا تعالیٰ کی محبت سب محبتوں سے بڑھ کر ہے۔

حضورِانور نے فرمایا کہ حضرت مسیح موعود علیہ السلام کو اللہ تعالیٰ نے فرمایا ''خذو االتوحید یا ابناء الفارس '' کہ اے فارس کے بیٹو! توحید کو پکڑو اور اسی میں تمہاری بقاء ہے۔خدا کا دامن پکڑو گے تو خدا تعالیٰ کے فضلوں کے وارث ٹھہرو گے۔ جہاں حضرت مسیح موعود علیہ السلام نے اپنی اولاد کے لئے بھی بہت سی دعائیں کیں وہاں ایک یہ بھی نظم ہے، آمین والی۔ اس میں یہ فرمایا کہ ''حق پر نثار ہوویں،مولیٰ کے یار ہوویں''۔پس ہر وہ شخص جو اپنے آپ کو حضرت اقدس مسیح موعود علیہ السلام کی طرف منسوب کرتا ہے جب وہ مولا کا یار ہو گا تو ان دعاؤں کا وارث ٹھہرے گا جو حضرت مسیح موعود علیہ السلام نے اپنی اولاد کے لئے اور اپنی جماعت کے لئے کی ہیں۔اور جن کا یہ خونی رشتہ ہے، جو حضرت مسیح موعود علیہ السلام کے خاندان سے منسوب ہوتے ہیں ان پر یہ اَور بھی بڑی ذمہ داری ہے۔اس لئے صرف اس بات پر ہی کوئی فخر نہ کرے کہ میں خاندان حضرت مسیح موعود کی طرف منسوب ہوتا ہوں اور یہ میرے لئے بڑا اعزاز ہے۔ بلکہ اپنے عملوں کو بھی خدا تعالیٰ کا فضل مانگتے ہوئے اس طرح سنوارنے کی کوشش کریں کہ اس تعلق کا حق نباھنے کی کوشش کرنے والے بن جائیں۔حق تو ادا نہیں کیا جا سکتا لیکن حق ادا کرنے کی کوشش تو ضرور ہونی چاہئے۔اگر خدا تعالیٰ کا حق ادا کرنے کی کوشش کرنے والے بنو گے تو دنیا خود بخود تمہارے پیچھے چلی آئے گی۔

حضور ایدہ اللہ نے فرمایا کہ حضرت اقدس مسیح موعود علیہ السلام فرماتے ہیں کہ اگر معجزات دیکھنے ہیں تو تقویٰ اختیار کرو۔تقویٰ ہی ہے جو تمہیں معجزات دکھائے گا۔فرمایا کہ خدا سے ڈرنے والے ہرگز ضائع نہیں ہوتے۔فرمایا **یجعل له، مخرجاً** ایک وسیع بشارت ہے ایسے ایسے راستے اللہ تعالیٰ متقی کے لئے نکالتا ہے اور ایسی ایسی جگہوں سے اس کے لئے سامان مہیا فرماتا ہے کہ انسان سوچ بھی نہیں سکتا۔فرمایا کہ یہ ایک وسیع بشارت ہے تم تقویٰ اختیار کرو،خدا تمہارا کفیل ہو گا۔

پس میری ان جوڑوں کو بھی یہی نصیحت ہے اور حضرت مسیح موعود علیہ السلام کے خاندان کے ہر فرد سے بھی یہی درخواست ہے کہ حضرت مسیح موعود علیہ السلام کی اس نصیحت کو پکڑیں تا کہ اللہ تعالیٰ کا تقویٰ پیدا ہو اور اللہ تعالیٰ کے فضلوں کے وارث ٹھہریں۔اور ہر فردِ جماعت کا بھی یہ فرض ہے جو اپنے آپ کو حضرت مسیح موعود علیہ السلام کی جماعت سے منسوب کرتا ہے کہ ہر وقت، ہر لحہ اللہ تعالیٰ کی محبت اس کے دل میں رہنی چاہئے۔ کیونکہ یہی حضرت اقدس مسیح موعود علیہ السلام کی خواہش تھی، یہی آپ کے آنے کا مشن تھا اور اسی لئے آپ نے اپنی جماعت کے لئے دعائیں کی ہیں۔اور اگر یہ حاصل کرلیں گے تو انشاء اللہ تعالیٰ اللہ تعالیٰ کے فضل سے حضرت اقدس مسیح موعود علیہ السلام کی دعاؤں کے وارث بھی بنیں گے۔

حدیث

اَلْمَرْءُ عَلٰی دِیْنِ خَلِیْلِہٖ فَلْیَنْظُرْ مَنْ یُّخَالِلْ۔ (سنن ابی دائود۔ کتاب الادب)

یعنی انسان اپنے دوست سے اثر لیتا ہے اور اس کے مذہب وطریقے پر چلنا شروع کر دیتا ہے۔اس لئے ضروری ہے کہ دوستی کرنے سے پہلے یہ اچھی طرح دیکھ لیا جائے کہ ہم کس قسم کے انسان سے دوستی کر رہے ہیں۔

حضرت مسیح موعود علیہ السلام فرماتے ہیں۔

''اصلاحِ نفس کی ایک راہ اللہ تعالیٰ نے یہ بتائی ہے کُوْنُوْا مَعَ الصّٰدِقِیْنَ یعنی جو لوگ قولی فعلی عملی اور حالی رنگ میں سچائی پر قائم ہیں ان کے ساتھ رہو۔اس سے پہلے فرمایا یٰاَیُّھَاالَّذِیْنَ اٰمَنُو اتَّقُوااللّٰہَ وَکُوْنُوْامَعَ الصّٰدِقِیْنَ یعنی اے ایمان والو تقوی اللہ اختیار کرو۔اس سے مراد یہ ہے کہ پہلے ایمان ہو پھر سنت کے طور پر بدی کی جگہ کو چھوڑ دے اور صادقوں کی صحبت میں رہے۔صحبت کا بہت بڑا اثر ہوتا ہے جو اندر ہی اندر ہوتا چلا جاتا ہے۔اگر کوئی شخص کنجریوں کے ہاں جاتا ہے اور پھر کہتا ہے کہ کیا میں زنا کرتا ہوں۔اس سے کہنا چاہیے کہ ہاں تو کرے گا اور وہ ایک نہ ایک دن اس میں مبتلا ہو جاوے گا کیونکہ صحبت میں تاثیر ہوتی ہے اسی طرح پر جو شخص شراب خانہ میں جاتا ہے خواہ وہ کتنا ہی پرہیز کرے اور کہے کہ میں نہیں پیتا ہوں لیکن ایک دن آئیگا کہ وہ ضرور پئے گا۔

پس اس سے کبھی بے خبر نہیں رہنا چاہیے کہ صحبت میں بہت بڑی تاثیر ہے یہی وجہ ہے کہ اللہ تعالیٰ نے اصلاح نفس کے لئے کُوْنُوْامَعَ الصَّادِقِیْنَ کا حکم دیا ہے۔جو شخص نیک صحبت میں جاتا ہے خواہ وہ مخالف کے ہی رنگ میں ہو لیکن وہ صحبت اپنا اثر کئے بغیر نہ رہے گی اور ایک نہ ایک دن وہ اس مخالفت سے باز آجائے گا۔

ہم افسوس سے کہتے ہیں کہ ہمارے مخالف اسی صحبت کے نہ ہونے کی وجہ سے محروم رہ گئے۔اگر وہ ہمارے پاس آکر رہتے۔ہماری باتیں سنتے تو ایک وقت آجاتا کہ اللہ تعالیٰ ان کو ان کی غلطیوں پر متنبہ کر دیتا اور وہ حق کو پالیتے لیکن اب چونکہ اس صحبت سے محروم ہیں اور انہوں نے ہماری باتیں سننے کا موقعہ کھو دیا ہے اس لئے کبھی کہتے ہیں کہ نعوذ باللہ یہ دہریے ہیں شراب پیتے ہیں۔زانی ہیں اور کبھی یہ اتہام لگاتے ہیں کہ نعوذ باللہ پیغمبر خدا ﷺ کی توہین کرتے ہیں اور گالیاں دیتے ہیں۔ایسا کیوں کہتے ہیں؟صحبت نہیں اور یہ قہر الٰہی ہے کہ صحبت نہ ہو۔

لکھا ہے کہ آنحضرت ﷺ نے جب صلح حدیبیہ کی مبارک ثمرات میں سے ایک یہ بھی ہے کہ لوگوں کو آپ کے پاس آنے کا موقعہ ملا اور انہوں نے آنحضرت ﷺ کی باتیں سنیں تو ان میں سے صدہا مسلمان ہو گئے۔جب تک انہوں نے آنحضرت ﷺ کی باتیں نہ سنیں تھیں ان میں اور آنحضرت ﷺ کے درمیان ایک دیوار حائل تھی جو آپ کے حسن وجمال پر ان کو اطلاع نہ پانے دیتی تھی۔اور جیسا دوسرے لوگ کذاب کہتے تھے (معاذ اللہ) وہ بھی کہہ دیتے تھے اور ان فیوض وبرکات سے بے نصیب تھے جو آپ لے کر آئے تھے اس لئے کہ دور تھے لیکن جب حجاب اٹھ گیا اور پاس آکر دیکھا اور سنا تو وہ محرومی نہ رہی اور سعیدوں کے گروہ میں داخل ہو گئے۔

اس طرح پر بہتوں کی بدنصیبی کا اب بھی یہی باعث ہے جب ان سے پوچھا جاوے کہ تم نے ان کے دعوی اور دلائل کو کہاں تک سمجھا ہے تو بجز چند بہتانوں اور افتراؤں کے کچھ نہیں کہتے جو بعض مفتری سنا دیتے ہیں اور وہ ان کو سچ مان لیتے ہیں اور خود کوشش نہیں کرتے کہ یہاں آکر خود تحقیق کریں اور ہماری صحبت میں آکر دیکھیں۔اس سے ان کے دل سیاہ ہو جاتے ہیں۔اور حق کو نہیں پاسکتے لیکن اگر تقویٰ سے کام لیتے تو کوئی گناہ نہ تھا کہ وہ آکر ہم سے ملتے جلتے رہتے اور ہماری باتیں سنتے رہتے حالانکہ عیسائیوں اور ہندوؤں سے بھی ملتے ہیں اور ان کی باتیں سنتے ہیں۔ان کی مجلسوں میں جاتے ہیں پھر کونسا امر مانع تھا جو ہمارے پاس آنے سے انہوں نے پرہیز کیا۔

غرض یہ بڑی ہی بدنصیبی ہے اور انسان اس کے سبب سے محروم ہو جاتا ہے۔اسی واسطے اللہ تعالیٰ نے یہ حکم دیا تھا کُوْنُوْا مَعَ الصَّادِقِیْنَ اس میں بڑا نکتہ معرفت یہی ہے کہ صحبت کا اثر ضرور ہوتا ہے اس لئے ایک راستباز کی صحبت میں رہ کر انسان راست بازی سیکھتا ہے اور اس کے پاک انفاس کا اندر ہی اندر اثر ہونے لگتا ہے جو اس کو خدا تعالیٰ پر ایک سچا یقین اور بصیرت عطا کرتا ہے۔اس صحبت میں صدق دل سے رہ کر وہ خدا تعالیٰ کی آیات اور نشانات کو دیکھتا ہے جو ایمان کو بڑھانے کے ذریعے ہیں۔''

(الحکم جلد ۸ نمبر ۱ مورخہ ۱۰ جنوری ۱۹۰۴ء ص ۴)

قرآن حکیم

یٰٓاَیُّھَاالَّذِیْنَ اٰمَنُوْااتَّقُوْاللّٰہَ وَکُوْنُوْامَعَ الصّٰدِقِیْنَ (سورہ توبہ آیت119)

ترجمہ: اے لوگو! جو ایمان لائے ہو اللہ کا تقویٰ اختیار کرو اور صادقوں کے ساتھ ہو جاؤ۔

تفسیر:

حضرت مسیح موعود علیہ السلام فرماتے ہیں:

شریعت کی کتابیں حقائق اور معارف کا ذخیرہ ہوتی ہیں لیکن حقائق اور معارف پر کبھی پوری اطلاع نہیں مل سکتی جب تک صادق کی صحبت اخلاص اور صدق سے اختیار نہ کی جاوے اسی لئے قرآن شریف فرماتا ہے یٰٓاَیُّھَاالَّذِیْنَ اٰمَنُو اتَّقُوااللّٰہَ وَکُوْنُوْامَعَ الصّٰدِقِیْنَ اس سے صاف معلوم ہوتا ہے کہ ایمان اور ارتقاء کے مدارج کامل طور پر کبھی حاصل نہیں ہو سکتے جب تک کہ صادق کی معیت اور صحبت نہ ہو کیونکہ اس کی صحبت میں رہ کر وہ اس کے انفاسِ طیّبہ عقد ہمت اور توجہ سے فائدہ اٹھاتا ہے۔ (الحکم جلد ٦ نمبر ٢١ صفحہ ٧۔مورخہ ١٣ مارچ ١٩٠٢ء)

انبیاء علیہم السلام تھوڑے ہوتے ہیں اور اپنے اپنے وقت پر آیا کرتے ہیں اس لئے اللہ تعالیٰ نے تمام دنیا کو رسم اور عادت سے نجات دینے اور سچا اخلاص اور ایمان حاصل کرنے کی یہ راہ بتائی ہے کہ کُوْنُوْامَعَ الصّٰدِقِیْنَ۔ یہ سچی بات ہے اس کو کبھی بھولنا نہیں چاہیے کہ جس نے نبی کی اطاعت کی اس نے اللہ تعالیٰ کی عبادت کا حق ادا کر دیا۔ رسم اور عادت کی غلامی سے انسان اسی وقت نکل سکتا ہے جب وہ عرصہ دراز تک صادقوں کی صحبت اختیار کرے اور ان کے نقشِ قدم پر چلے۔ (الحکم جلد ٦ نمبر ٢٨ مورخہ ١٠۔اگست ١٩٠٢ء صفحہ ٧)

انسان کو انوار و برکات سے حصہ نہیں مل سکتا جب تک وہ اسی طرح عمل نہ کرے جس طرح خدا تعالیٰ فرماتا ہے کہ کُوْنُوْمَعَ الصّٰدِقِیْنَ۔ بات یہی ہے کہ خمیر سے خمیر لگتا ہے اور یہی قاعدہ ابتداء سے چلا آتا ہے۔ پیغمبر خدا صلی اللہ علیہ وسلم آئے تو آپ کے ساتھ انوار و برکات تھے جن میں سے صحابہ نے بھی حصہ لیا پھر اسی طرح خمیر کی لاگ کی طرح آہستہ آہستہ ایک لاکھ تک ان کی نوبت پہنچی۔

(البدر جلد ١ نمبر ٤ ص ١٣ مورخہ ٢١ نومبر ١٩٠٢ء)

پس اس سے کبھی بے خبر نہیں رہنا چاہیے کہ صحبت میں بہت بڑی تاثیر ہے یہی وجہ ہے کہ اللہ تعالیٰ نے اصلاحِ نفس کے لئے کُوْنُوْامَعَ الصّٰدِقِیْنَ کا حکم دیا ہے۔ جو شخص نیک صحبت میں جاتا ہے خواہ وہ مخالفت ہی کے رنگ میں ہو لیکن وہ صحبت اپنا اثر کئے بغیر نہ رہے گی اور ایک نہ ایک دن وہ اس مخالفت سے باز آجائے گا۔ (الحکم جلد ٨ نمبر ١ مورخہ ١٠ جنوری ١٩٠٤ء ص ٤)

صادقوں اور راست بازوں کے پاس رہنے والا بھی ان میں ہی شریک ہوتا ہے۔ اس لئے کس قدر ضرورت ہے اس امر کی کہ انسان کُوْنُوْامَعَ الصّٰدِقِیْنَ کے پاک ارشاد پر عمل کرے۔ حدیث شریف میں آیا ہے کہ اللہ تعالیٰ ملائکہ کو دنیا میں بھیجتا ہے۔ وہ پاک لوگوں کی صحبت میں آتے ہیں اور جب واپس جاتے ہیں تو اللہ تعالیٰ ان سے پوچھتا ہے کہ تم نے کیا دیکھا۔ وہ کہتے ہیں کہ ہم نے ایک مجلس دیکھی ہے جس میں تیرا ذکر کر رہے تھے مگر ایک شخص ان میں سے نہیں تھا تو اللہ تعالیٰ فرماتا ہے کہ نہیں وہ بھی ان میں ہی سے ہے کیونکہ اِنَّھُمْ قَوْمٌ لَّا یَشْقٰی جَلِیْسُھُمْ اس سے صاف معلوم ہوتا ہے کہ صادقوں کی صحبت سے کس قدر فائدے ہیں۔ سخت بد نصیب ہے وہ شخص جو صحبت سے دور ہے۔

(الحکم جلد ٨ نمبر ٢ مورخہ ١٧ جنوری ١٩٠٤ء)

اگر خدا سے ملنا چاہتے ہو تو دعا بھی کرو اور کوشش بھی کرو اور صادقوں کی صحبت میں بھی رہو۔ کیونکہ اس راہ میں صحبت بھی شرط ہے۔

(الیکچر لاہور صفحہ ٣١۔١٤)

اداریہ

اللہ تعالیٰ نے اپنے فضل سے جو عظیم روحانی نظام ہمیں عطا فرمایا ہے اس کی دل و جان سے حفاظت کرنا اور قدر کرنا ہماری سب سے بڑی ذمہ داری ہے۔نظامِ جماعت ہی میں ہماری زندگی ہے۔ ہمارے پیارے حضرت خلیفۃ المسیح الخامس ایدہ اللہ تعالیٰ بنصرہ العزیز نے آغازِ خلافت ہی سے ہمیں دعاؤں کی ہدایت فرمائی ہے۔اور اس اہم فریضہ کی طرف بہت توجہ دلائی ہے۔خدا کرے کہ ہم اپنے پیارے آقا کے ہر فرمان پر لبیک کہنے والے بن جائیں۔

حضور ایدہ اللہ تعالیٰ نے ہمیں جماعتی ترقی کے لئے مہینہ میں ایک روزہ رکھنے ، روزانہ دو نوافل ادا کرنے اور بعض مخصوص دعاؤں کی تحریک فرمائی ہے۔ان میں سے ایک دعا ”ربنا لا تزغ قلوبنا بعد اذ ھدیتنا و ھب لنا من لدنک رحمۃ انک انت الوھاب“ ہے۔یہ دعا اپنے ایمان کی حفاظت کے لئے اور اپنے ذہن کو بیمار سوچوں سے محفوظ رکھنے کے لئے بیحد ضروری ہے۔یہ دعا بیمار اور منفی سوچوں کو جڑ سے اکھاڑ پھینکنے والی دعا ہے۔اگر انسان اپنے خیالات کا محاسبہ کرتے ہوئے اس دعا کا ورد کرے تو اس کی منفی سوچیں صحت مند خیالات میں تبدیل ہو جاتی ہیں۔ پھر روزے کے بارے میں حضرت مسیح موعود علیہ السلام فرماتے ہیں کہ روزے سے کشوف پیدا ہوتے ہیں، تزکیہ نفس ہوتا ہے اور کشفی قوتیں پیدا ہوتی ہیں۔روزہ اور نماز ہر دو عبادتیں ہیں۔ روزے کا زور جسم پر ہے اور نماز کا روح پر ہے۔نماز سے سوز و گداز پیدا ہوتا ہے اور روزے سے کشوف پیدا ہوتے ہیں لیکن روحانی گدازش دعاؤں سے پیدا ہوتی ہے۔

ہمارے پیارے آقا خلیفۃ المسیح ایدہ اللہ تعالیٰ ہمیں ان پاکیزہ راہوں کو اپنانے کی تلقین کرتے چلے آ رہے ہیں جن راہوں کو قرآن کریم کی ابدی روشنی حاصل ہے اور جن راہوں پر چل کر منزل مقصود آسان ہے۔اور پیارے امام کی راہنمائی میں راستے روشن تر ہوتے چلے جا رہے ہیں۔

خلیفہ وقت کی کامل اطاعت ہم پر فرض ہے اور اسی میں ہماری ترقی کا راز مضمر ہے۔سیّدنا حضرت مصلح موعودؓ 24 جنوری 1936ء کے خطبہ جمعہ میں فرماتے ہیں۔”خلافت کے معنی تو یہ ہیں کہ جس وقت خلیفہ کے منہ سے کوئی لفظ نکلے، اس لمحے سب تجویزوں اور سب تدبیروں کو پھینک کر رکھ دیا جائے اور سمجھ لیا جائے کہ اب وہی تدبیر مفید ہے جس کا خلیفہ وقت کی طرف سے حکم ملا ہے۔ جب تک یہ روح جماعت میں پیدا نہ ہو، اس وقت تک سب خطبات رائیگاں، تمام سکیمیں باطل، اور تمام تدبیریں ناکام ہیں۔“ نیز ایک اور جگہ فرماتے ہیں ”جب تک جماعت کا ہر شخص پاگلوں کی طرح اطاعت نہیں کرتا اور جب تک اس کی اطاعت میں اس کی زندگی کا ہر لمحہ بسر نہیں ہوتا اس وقت تک وہ کسی قسم کی فضیلت اور بڑائی کا حقدار نہیں ہو سکتا۔“

(الفضل 5 نومبر 1946ء)

مہینے میں ایک روزہ کوئی مشکل کام نہیں اور صرف دو نوافل جماعت کی ترقی کی دعاؤں کے لئے ادا کرنے ، یہ بھی کوئی مشکل مرحلہ نہیں ہے۔ اور پیارے آقا کی بتائی ہوئی دعاؤں کا ورد، اس میں کون سی مشکل نظر آتی ہے؟ دل میں اپنے محبوب آقا کے ہر فرمان پر لبیک کہنے کی آرزو، تمنا اور شوق ہو تو کوئی مشکل، مشکل نہیں رہتی۔ ہر مرحلہ آسان پھر آسان تر اور اسی طرح آسان ترین ہوتا چلا جاتا ہے۔صرف عزمِ صمیم کی ضرورت ہے۔

اگر انسان پریکٹس کر لے تو دعائیں سانس کے اندر باہر آنے جانے کے ساتھ ادا کر سکتا ہے۔ وقت نکال کر خاص طور پر بیٹھنے کی بھی ضرورت نہیں، صرف ارادہ اور مشق چاہئے۔اگر آپ ایسا کر لیں تو دیکھیں گی کہ زبان اور لب ہلائے بغیر سانس کی زیر و بم کے ساتھ بآسانی دعائیں ادا ہو سکتی ہیں اور اگر ایسا ہو جائے تو زندگی کا ہر لمحہ دعاؤں میں بسر ہو سکتا ہے۔

خدا تعالیٰ ہم سب کو اس کی توفیق بخشے۔آمین۔

بسم اللہ الرحمان الرحیم　　نحمدہ ونصلی علیٰ رسولہ الکریم　　وعلیٰ عبدہ المسیح الموعود

النصرت

مئی ۲۰۰۶ء

عہد نامہ لجنہ اماء اللہ

اَشْھَدُ اَنْ لَا اِلٰہَ اِلَّا اللّٰہُ وَحْدَہٗ لَاشَرِیْکَ لَہٗ وَ اَشْھَدُاَنَّ مُحَمَّدًا عَبْدُہٗ وَرَسُوْلُہٗ

''میں اقرار کرتی ہوں کہ اپنے مذہب اور قوم کی خاطر اپنی جان، مال وقت اور اولاد کو قربان کرنے کے لئے ہر دم تیار رہوں گی، نیز سچائی پر ہمیشہ قائم رہوں گی اور خلافتِ احمدیہ کو قائم رکھنے کے لئے ہر قربانی کے لئے تیار رہوں گی۔''

فہرست مضامین

اداریہ 2

قرآن حکیم 3

حدیث 4

کلام الامام 5

نظم 6

احمدی خواتین کے متعلق حضرت خلیفۃ المسیح الثانی کے ارشادات 7

ایک انٹرویو مرتبہ ڈاکٹر امۃ السلام سمیع صاحبہ 11

تنظیم لجنہ اماءاللہ کے مقاصد 14

عہدِ وفا پندرھویں صدی کے کلاسیکی ادب سے ایک کہانی ترجمہ صالحہ صفی لندن پہلی قسط 18

ہمارا جلسہ سالانہ نصیرہ نور صاحبہ 22

زیرِ نگرانی:

محترمہ شمائلہ ناگی صاحبہ (صدر صاحبہ لجنہ اماءاللہ یوکے)

ڈاکٹر فرحیہ خان (سیکرٹری شعبہ اشاعت لجنہ اماءاللہ یوکے)

مجلس ادارت: عبدالغنی جہانگیر صاحب، نصیرہ نور صاحبہ،

امۃ الحیٰ خان صاحبہ، عائشہ فخر صاحبہ، صالحہ صفی صاحبہ

مدیرہ: طیبہ شہناز کریم صاحبہ

نائب مدیرہ: رضیہ منان صاحبہ

طباعت: رقیم پریس اسلام آباد یوکے